JN080728

多言語化する学校と複言語教育

移民の子どものための教育支援を考える

大山万容
清田淳子
西山教行

［編著］

浜田麻里
オチャンテ・村井・ロサ・メルセデス
ピアース・ダニエル・ロイ
エラレチアナ・ラザフィマンディンビマナナ
ナタリー・オジェ
ジェレミー・ソヴァージュ
藤井 碧
キャロル・フルーレ
松川雄哉

明石書店

第2部　多言語化する海外の学校

学習困難を抱え、フランス語が第二言語である児童の出身言語が
つづりの問題を克服するための切り札となるとき

キャロル・フルーレ／松川雄哉・訳

序　論

大山万容

　本書は、移民の増加により多言語化する学校での言語教育に関わる問題を、主としてヨーロッパと日本の両方の視点から考えるための論考を集めたものである。

移民の増加と学校の多言語化

　第二次世界大戦後の世界では、移動技術の発達に伴って人の移動がますます容易になり、移民が世界中で増加し続けている。それに伴い学校でも多言語化が進んでいる。

　ヨーロッパでは戦後の労働力の需給アンバランスを解消するため、多くの国が「ゲストワーカー」の枠組みを導入し、外国人労働者の入国を奨励してきた。例えばフランスは19世紀に植民地化した北アフリカの現地人たちを安価で使いやすい労働者とみなし、移民を求めてきた。この移民政策は当初、「ゲストワーカーはいずれ帰国するだろう」との想定のもと行われていたが、実際には労働者の大半がフランスに根を下ろし、また石油ショックに伴う単純労働者の受け入れ停止以降は、家族の呼び寄せにより、労働力外の人々も増加した。新しく住民となった家族には支援が必要となり、子どもたちは学校に行く必要があった。出身文化や言語をわずかしか共有しない他者を社会にどのように受け入れるのかが大きな課題となる。「多文化主義」という形で、ゲットーを形成するリスクを冒してでもそれぞれの言語・文化を尊重するのがよいのか、それとも「社会的結束」を目指し、同化主義のそしりを受けようともすべての人に「フランス人」の自覚を持たせ、社会に溶け込ませることを目指すべきなのか。この移民統合

の問題は、言語教育学の中でも考えざるを得ない大きなテーマとして現れた。

ヨーロッパではさらに、2010年代にはシリア内戦をきっかけに難民危機が生じ、それにより難民だけでなく、それまでは入国できなかった移民が大量にヨーロッパに押し寄せる事態となった。移民が短期間に急増したことで、ヨーロッパの文化や言語をまったく共有しない家庭の子どもたちが学校にやってくるようにもなった。現在でも多言語状態がやがて単一言語に収束するという兆しはまったく見えない。

大陸から離れた日本でも、経済移民の数は増え続けており、学校はヨーロッパや北米には遠く及ばないものの、確実に多言語化しつつある。ただし日本とヨーロッパでは移民の包摂における文脈が大きく異なる。例えばフランスの戦後移民は自国の植民地主義の帰結であるという要素が強く、またEUという超国家的枠組みを選択したことの帰結でもあるが、日本はそうではなく、またヨーロッパに比べると、社会は極めて高い均質性を維持している。

移民現象が言語教育学に問いかける問題

では言語教育学は学校の多言語化をどのように考えてきたのだろうか。二つの観点が生じる。一つは単一言語主義の観点から見た、移民への言語教育の方法に関わるものであり、もう一つは教育制度におけるバイリンガリズムへの表象（イメージ）に関わる問題である。

移民の子どもの統合に関する文献には、国民国家の学校としての単一言語主義に対する批判的検討が含まれることが多い。言語教育学では、歴史的に大量の移民を常に受け入れてきた北米においていち早く異言語話者の子どもの統合の問題に取り組んできたジム・カミンズが、子どもの家庭言語を通して就学言語および学習内容への支援（以下、学習支援とする）を行うことが最も効率的であることを長年にわたって示し続けてきた。この知見はヨーロッパでも日本でも共有されており、それに呼応するように、国民国家の学校でとられてきた単一言語主義がいかに移民への学習支援を

阻害するかという点に、研究の焦点が向けられてきた。

　日本では小学校での外国語活動が 2020 年より教科化され、小学校では英語を教えることのできる教員の育成や確保が課題となっている。また中等教育を含む英語教育では「4 技能」が強調され、コミュニケーション・スキルの獲得が教育の目標の一つとしてますます強調されつつある。多数派への外国語教育と、少数派への学習支援は、現在まで別々の問題として論じられてきた。しかしこれらはいずれも言語教育に関わる問題である。そこには教育の技術論だけでなく、個人のバイリンガリズムに対する表象が密接に関わってくる。

　このような問題を考えるため、編者らは 2019 年 3 月 9 日に国際研究集会「多言語化する学校とバイリンガリズム——フランス・カナダ・日本」を開催した。これは科研費基盤 B「『ヨーロッパ言語共通参照枠』に関する批判的言説の学説史的考察」（代表：西山教行、18H00688）、科研費基盤 C「言語少数派の子どもを対象とする遠隔型の『母語による学習支援』の開発」（代表：清田淳子、18K00700）、科研費若手「『言語への目覚め活動』の小学校用教材開発および教員養成方法の研究」（代表：大山万容、18K12476）の成果の一部である。本書では研究集会の中で提示された日本、フランスの移民をめぐる問題についての発表をまとめ、いくつかの論考を補完した。

　ここで編者らについて少し述べたい。西山は日本での複言語主義の導入における第一人者であり、これまでに数多くの専門家を日本に招聘し、関連書籍を生み出してきた。2018 年度末にはフランスから言語教育学の専門家で、また移民の包摂の専門家であるナタリー・オジェおよびジェレミー・ソヴァージュを京都大学に招聘した。大山は西山の共同研究者の一人で、また小学校を中心に複言語教育の導入のための研究を重ねてきた。学校における言語教育という観点から、大山は清田の研究に注目してきた。清田は年少者日本語教育の問題に取り組んできており、これまでに「教科・母語・日本語相互育成学習モデル」に基づく学習支援の方策の研究を進め、『外国から来た子どもの学びを支える』（清田, 2016）など、成果を発信してきた。子どもの母語や母文化を「はしご」として利用しながら、

日本語を含む全体的な学習支援を行うとの考え方は、カナダのジム・カミンズの理論的枠組みを受けたものであるが、後述する複言語主義の考え方で見ると、これはCLIL（言語・内容統合型学習）の要素を持つ複言語教育として捉えられる。清田の報告する教育法は特に移民の子どもへの支援の文脈で発展し、言語的少数派を対象とする。これに対して、西山や大山が取り組んできた複言語主義の研究は、外国語教育を中心に行われてきた。すなわちこれまでむしろ社会における多数派である、モノリンガルの学習者に対して、いかに複数言語に開かれた言語教育を行うか、という点に焦点を当ててきた。このように編者らの研究は対象とする学習者が異なるものの、学習支援の元にある教育原理は、複言語主義の考え方から見て、共通するものが多い。

複言語主義について

　複言語主義はCEFR（ヨーロッパ言語共通参照枠）を通じて日本でも紹介されてきたため、日本では言語政策の文脈で言及されることが最も多い概念である。しかしヨーロッパでこの概念が生まれた背景を見ると、（これは大山の章でも取り上げるが）これは「複言語・複文化能力」という「個人の言語能力を捉えるためのモデル」に由来し、「個人の言語的・文化的能力とは、言語や文化によってバラバラに保存されているのではなく、相互に関連しあった複雑なもので、その人によって異なり、時間や環境に応じて変遷する、全体的なものだ」との見方を表すものである。この考え方は突如ヨーロッパに現れたものではなく、ヨーロッパ内外で発展したバイリンガリズムに関わる心理言語学や社会言語学の様々な知見を取り入れて生まれたものであり、中でも北米で発展した研究の影響を強く受けている。日本では複言語主義は単一言語主義を脱するための言語政策として紹介されることが多いが、もともとは個人の能力に関する見方を指す概念なのだ。この見方は、言語政策や社会学的学説のように地域限定ではなく、人類に普遍的なものである。少なくとも複言語主義を能力として捉える多くの研究において、そのように想定されており、またこれまでにこの見方に対す

る有効な反証は現れていない。だから、例えば日本の学校では日本語と英語ばかりが強調されることを受けて「日本には複言語主義（的な言語教育政策）はない」とは言えるが、「日本人には複言語主義（と呼ばれる能力）がない」と言うことはできない。

　では複言語主義は、バイリンガリズムと何が異なるのか。複言語主義の能力観の大元となる研究を行ったフランソワ・グロジャンは、バイリンガリズムを「定期的に複数の言語を使用すること」と定義する。ここでグロジャンは、読む、書く、話す、聞くという4技能のすべてについて、同程度にネイティブ並みの能力を持つことをバイリンガルの必須条件とはしない（そのような幻想があまりにも強く広まっているが、実際にはそのような事例は極めて稀である）。ただしバイリンガリズム研究は「バイリンガルであるとはどのようなことか」を明らかにするが、「どのようなバイリンガルを育てるべきか」という問いを追求するものではない。さらにグロジャンのモデルでは、言語と文化とは、本質的に別のものとして考察される。バイリンガル研究は言語教育研究ではないのだ。

　これに対して複言語主義は、言語教育学において発展した概念であり、言語教育学は教育において言語を複数化させることの価値を問う。またこの概念は、個人の言語的・文化的な能力全体を示すもので、そこでは言語と文化とが一体のものとして捉えられている。この能力は個人が生涯にわたって発達させ続けるものであり、複数の言語や文化をナビゲートしながら進む能力を示す。したがって、個人が仮にモノリンガルであっても、すなわち定期的に使用する言語が一つであっても、その人は複言語主義を持ちうるのだ。

　いっぽう、これは日本語にとって不幸なことだが、複言語主義には訳語による誤解が付きまとう。もとの単語は英語で書くとplurilingualismであり、接尾辞に "-ism" が付いている。この接尾辞は「主義」と訳され、それで定着してしまった。日本語で「〜主義」といえば、例えば資本主義、民主主義、新自由主義、利己主義、全体主義といったように、ふつうは「主張や行動の指針となる原則や思想」を指す。ところが複言語主義が「個人の全体的な言語能力」を指すとき、これは「思想」とはまったく関

係がない。したがって自由主義や共産主義などとは異なり、「複言語主義者」（《plurilingualist》）といったものは存在しない（これは例えばautism（自閉症）に対して《autist》という語が存在しないのと同型的である）。混乱を避けるためにカタカナで書こうとしても、「プルリリンガリズム」では、字面を見ても、日本語としてほとんど意味を捉えることのできない音列にすぎず、漢字よりもさらに理解を困難にする。したがって現在のところ日本語では「複言語主義」という訳語を用いるしかないのだが、この単語が「カリキュラムの言語を複数化させる」という意味での言語教育政策を指すのか、「個人の全体的言語能力を表す」のか、常に確認する必要がある。

　この不便にもかかわらず、この概念は、様々な言語教育実践を理解する上でたいへんに有効である。言語能力とはそもそも人間に普遍的なものであるから、移民の子どもの教育支援と外国語教育を同時に考えるとき、複言語主義の観点から見ることにより、統一的に理解できることが多い。

本書から見えるいくつかのテーマ

　本書は第一部では日本、第二部では海外からの報告を集めた。上述のように日本と海外とでは移民の包摂の文脈が異なるが、それにも関わらず、これら複数の視点から共通して見えてくるのは次のテーマである。

（1）単一言語主義に特徴づけられる学校が、多言語化、すなわちカリキュラムに含まれていない言語の増加に対して、どのように対応するか

　学校の多言語化のように言語政策に関わる議論では、マクロ（行政）レベルの制度的問題だけではなく、メゾ（学校）レベル、ミクロ（教室）、ナノ（個人）レベルでの動きを見ることが重要である。
　浜田論文は、日本での異言語話者である外国人児童生徒が母語・母文化から排除されていると考え、これを不公正と捉え、それを是正するためにはマクロレベルでの支援基盤が必要であると論じる。大山論文もやはり異

言語話者の包摂に失敗すれば社会的に二流の市民を作り出す危険があること、そしてそれに対して言語教育学の観点から複言語教育の重要性を論じる。ラザフィの論文はカナダ、フランス、ニューカレドニアと国を移動してくる中で単一言語主義に基づく学校（実際には、学校を構成する個々人）が異言語話者の受け入れに対して「不安」を抱くという点を個人史から述べる。これに対してオジェの論考はフランスにおける移民受け入れを振り返りながら、単一言語主義をどのように乗り越えるかについて具体的な方策を検討している。ピアース論文はこれまでほぼ可視化されなかったALT（外国語指導助手）の保持する複言語主義について、この制度の歴史的変遷をたどりながら明らかにするもので、英語・英語圏文化のみを規範とする単一言語主義の教室に置かれたときにどのような展開が生じうるかを、実例をもとに解き明かす。

(2) 多言語化する学校の中で、個人は何を経験し、どのように生きるか

　清田の論考は移民の子どもへの学習支援において、ミクロレベルへの働きかけからナノレベルでの経験までを具体的に示す。オチャンテ・大山の論考はナノレベルに焦点を当てるもので、移民1.5世代の筆頭著者について、視覚的言語自伝からその来歴と、個人の複言語主義の社会にとっての意義を明らかにする。さらに浜田の論考は多言語化に向きあった個々の教師について、またピアース論文はALTについて、どのような経験を生きるかをそれぞれ伝えている。フランスからはソヴァージュが異言語話者の子どもについて、ラザフィは自分自身について、それぞれの経験を論じる。さらに、様々な形で学校の外から学校の教育に介入する人（保護者、巡回相談員、ALTなど）が学校組織の中でどのように周辺化されうるかというテーマも繰り返し現れる。

　以上の展開から明らかになるのは、次の論点である。

（3）母語あるいは子どもの持つ言語を学校での学習に取り入れること、それによって学習において言語を複数化させることの意義、さらにはその具体的方策について

　清田の論考はまさに母語・日本語を行き来しながら教科内容理解を深めるもので、この報告は言語を複数化させることが学習にどれほど有効であるか伝えている。ソヴァージュの報告は移民の子どもに見られる緘黙に焦点を当てて予防策を提案する。フルーレの論考は、つづりの問題を児童が乗り越えるためのカナダにおける方策について報告するもので、ここでもやはり子どもの出身言語を「自由に用いてよい」ことを示すプロジェクトの優位性を質的研究により明らかにしている。大山、ピアース、オジェの論考はさらにこれを多数派の学習にも拡張すべきと訴えるもので、学校の中で周辺化されてきた人たちの言語・文化的資源を教育に活かすために、どのような方策をとるべきかという方向性を示すものとなっている。

謝　辞

　本書ができるまでにたくさんの方にお世話になった。
　2019 年 3 月の国際研究集会のあと、書籍化の計画が立ち上がり、それに合わせてすぐに原稿を送ってくださった先生方もいらしたのに、コロナの影響もあり計画をなかなか進めることができず、2 年以上もお待たせしてしまった。様々な困難があった中で最終的に大山が取りまとめをさせていただくことになったが、このように出版することができたのは、まず西山先生が、オジェとソヴァージュ夫妻を招聘するにあたり、私に「大山さんどう思う？」と話を向けてくださり、「移民の子どものための教育支援と複言語教育について、日本とフランスの視点を交流させることには意義がある」と言ったのを信じてくださったおかげである。実を言うと当初はあまりピンときているようには見えなかったが、それでも私が意義があると言うのを信じてそれに賭けてくださった。いつも「大山さん、あなた今何考えているの？」と聞いてくださってありがとうございます。

もうひとつ私にとって忘れられないのが、国際研究集会のときに清田先生がおっしゃった次のことばである。「子どもたちがやがて何語を使うかによらず、今ここにいる子どもたちが、ことばを通して周りを理解し、自分を理解し、そして社会を理解していくことを助けることが教師にとって一番大事なのです」。そのことばは、遠い国から来た教育研究者たちにもよく伝わったように見えた。日本とフランスとを問わず、私がかつて教えを受け、また今現在一緒に仕事をさせていただいている尊敬すべき教師たちはみな、目の前にいる子どもたちの学習を注意深く見ながら、その子たちがより安心できる場所で、自分のことばを使って、よりよく考え、よりよく生きられるようにと願い、そのために自分が子どもたちの「わかり方をわかる」よう、努力を重ねておられるのだ。それを知っていることが、私にとっては、持てる限りの力を使って、日本の教育に関わる人たちにとって本当に役に立つものを追求し、提示したいという強い動機につながっている。本書の著者たちはみな、そのような思いを少なからず共有するのではないかと思っている。

　明石書店の大江道雅社長には本書の意義を認めてくださり、編集者の岡留洋文氏にはたいへん丁寧な校正をしていただいた。心よりお礼申し上げます。

第 1 部　多言語化する日本の学校

　第1部は、「多言語化する日本の学校」に関わる論考を取り上げる。

　スイスの心理言語学者フランソワ・グロジャンによれば、学校には「バイリンガリズムを励ます学校」と「バイリンガリズムを否定する学校」があるという[1]。入管法が改正された1990年以降、日本の公立学校では日本語を母語としない子どもが増加し続けている。多言語化が進む学校で、言語や文化の多様性を是とし、「バイリンガリズムを励ます学校」への道のりをどのように歩んでいるのか、その一端を5つの論考から描いていく。

　以下、各論考の概要を述べる。

　大山論文は、多言語化する日本の学校で「なぜ複言語教育が必要か」を論じるものである。複言語・複文化能力の発展をめざす言語教育学は、移民の子どもたちへの言語や教育支援と、日本語を母語とする子どもたちへの外国語教育という二つの側面をもつ。すなわち、複言語教育では、言語的少数派・多数派双方の子どもを対象に、子どもたちの言語レパートリーを構成するすべての種類を考慮に入れて、それを養い、豊かにしていくことが課題となる。そのため教師や支援者には、子どもたちが複数の言語を関連づけられるよう、省察活動を促す役割が求められる。

　続く2つの論考は、移民の子どもたち、つまり言語的少数派の子どもたちに対する教育支援に焦点を当てたものである。このうち浜田論文は、マクロレベルでは学校の受け入れ体制、ミクロレベルでは子どもの学ぶ権利を守るための学校教員の方略について論じる。移民の子どもたち[2]は、マクロレベルでは公教育のシステム、母語・母文化の教育、適応支援という3つの側面で教育から排除されている。一方ミクロレベルでは、学校現場の教員が、子どもたちの「本当の意味での学び」を支えるべく、公的な権威を利用した垂直方向の働きかけと、同僚教員との日常的な学び合いという水平方向の働きかけを行っている。中でも、「移民の子どもがわかるような授業の工夫」の発信は日本人児童にも有効に作用し、それは学校教育全体の質を向上させる。しかし、マクロレベルの問題の根本的な解決には、教員配置のための財政的な基盤や、バイリンガル環境にある子どもたちを教えられるような教員の力量形成が急務である。

　清田論文は、学校の取り出し支援や放課後の補習で行われている、母語を活

用した教科学習支援について論じる。国語の学習支援では、国語教科書だけで
なく母語に翻訳された教材文を読んで仲間や支援者と議論する場が設定されて
いる。母語で学ぶ場面では、子どもは自由に操れる言語を用いて自分の思考を
言語化し、支援者と内容の交渉を行ないながら理解を深めている。そして日本語
で学ぶ場面では、母語で得た理解を梃子に学習言語としての日本語を学び、教
科理解を進める。また、母語を活用した学習支援は人々の意識変容も促す。日
本語力の不足から国語の学習をあきらめていた子どもが教材文の面白さを知り、
在籍学級の授業がわかるようになり、母語と日本語の両方を学ぶ必要性に気づ
いたり、一方、子どもが母語を媒介に能力を発揮する姿は、学校教員や支援者
に子どもの既有能力や多面性への気づきを与える。

　オチャンテ・大山論文は、「移民の複言語主義」がなぜ社会にとって価値を持
つのか、「被支援者・支援者」双方の経験をもつ筆頭著者の語りを通して論じた
ものである。筆頭著者は中学3年で来日し、教育の被支援者として日本での生
活を始めた。長じて自分自身が支援者となり、学校教員や地域の支援団体と協
働して移民の子どもや家庭を支援している。このような筆頭著者の来歴を「本
人がどのような言語・文化的経験を持ち、どのような言語・文化と関わりなが
ら生きているか」という観点から、視覚的言語自伝という手法を用いて分析し
たところ、語り手の有する複数の言語の「満ち欠け」の状況、すなわちその
時々の言語の位置づけや様々な文化とのかかわり方の変遷が明らかとなった。
さらに、「語る」だけでなく「描く」を伴う視覚的言語自伝は、言語の制約を超
えた気づきを与えてくれる自己省察の手法であることも示された。

　最後のピアース論文は、学校内の言語的多数派である日本人児童の外国語
（英語）教育に焦点を当て、英語非母語話者である「外国語指導助手（ALT）」
の役割と可能性に注目する。現在、小学校のALTの3分の1は英語非母語話者
（またはバイリンガル母語話者）で非英語圏出身者であるが、かれらの言語的・
文化的背景が「アメリカ英語」中心の授業内容に反映されることはない。本論
考では、中東出身で英語非母語話者のALTが行った「アメリカのクリスマス文
化」の授業を対象とする談話分析を通して、ALTが「英語圏文化のエキスパー
ト」として次第に機能不全に陥っていく様子が描き出される。筆者はこのよう

な事態を引き起こした要因をALTを取り巻く制度面から探るとともに、「言語の目覚め活動」などALTの複言語・複文化能力を意図的に組み込んだ授業設計の必要性を指摘する。　　　　　　　　　　　　　　　　　　　　［清田淳子］

注

1) グロジャン，フランソワ（2018）『バイリンガルの世界へようこそ　複数の言語を話すということ』勁草書房
2) 浜田論文では「外国人児童生徒等」と呼ぶ。

移民との共存のための複言語教育

大山万容

要　旨

　本論文は、多言語化する日本の学校において、なぜ複言語教育が必要であるかを、移民とその受け入れに関する社会的文脈と、言語教育論の発展を踏まえて論じる。

　日本では 1990 年代以降、移民が顕著に増加している。大多数の成人移民は低賃金労働者であるため、日本社会に非可視化されているのに対し、異言語話者の子どもについては支援の必要性が認識されてきた。日本においては高等教育費の高騰と学歴インフレーションの進行により、家庭にかかる教育費の負担が増加し続けているにもかかわらず、国民の意識においては、教育費は親が負担すべきであるとの考えが根強く残る。この構造を改善し、社会に参画できない市民層の形成を止めるには、法的・政治的な取り組みに加えて、言語教育の在り方にも改革が必要である。

　本論文では複言語教育を、言語を通した、しかし言語にとどまらない学習支援の一つとして捉える。複言語教育の考え方の歴史を、特に複言語・複文化能力に焦点を当ててたどると、言語教育の課題とは、単に少数派の言語話者の学習支援にとどまらず、多数派の言語教育をも含む全体的な言語教育の課題であることが分かる。言語教育において視点を多元化し、省察（reflection）を含むことによって学習の発展を助けることは、多言語化する学校において中心的課題となる。

キーワード

日本の移民、言語少数派の子ども、複言語教育

1　日本における移民

1.1　非可視化される移民労働者

移民の少ない国

　移民について論じるにあたり、アメリカやフランスのように国家機関により移民の定義が行われ、その定義に基づいて移民に関する研究が行われる国もあれば、そうではない国もある。日本は後者に当たり、政府は「移民」という法的地位を一貫して認めておらず、したがって日本の研究者が共通に参照するための定まった定義もない。本章では、外国籍を持ち受け入れ国で永住権を持つか、あるいは受け入れ国に帰化した人たち、および外国籍を持つ中期・短期滞在者を「移民」として論じる。この定義に従うと、日本は、外国人労働者の受け入れを推進しており、人口に占める外国人の数は増加し続けているため、移民が増加している国となる（厚生労働省, 2018）。

　一方で日本はOECD諸国の中で人口当たりの移民の割合が最も少ない国であり、他の先進国に比べると、移民排斥がポピュリズムの手段となることが少ない国でもある。たとえばフランスでは経済成長の停滞が始まった1970年代末から、ポピュリスト政治団体と言われる国民戦線（Front National）[1]が、それまでの反共産主義から転換し、移民や外国人問題に焦点を当て始め、1980年代には失業率の増大や治安の悪化の原因を移民の増加に結びつける姿勢を明確にする。同様のことはベルギーやオーストリアのポピュリスト政治団体においてもみられ、福祉排外主義（福祉・社会保障の充実は支持しつつ、移民を福祉の乱用者として位置づけ、福祉の対象を自国民に限定するとともに、福祉国家にとって負担となる移民の排除を訴える主張）はヨーロッパにおけるポピュリズムの大きな特徴となっている（水島, 2016）。これに対して日本では、ポピュリズムと呼ばれる現象自体はあっても、その中で移民や外国人の問題は大きな政治的な動力とはなっていない[2]。

1990年代以降の移民労働力受け入れ

　戦後の移民受け入れは、外国人人材拡大政策として、労働者の受け入れを中心に行われてきた。ここでいくつか重要な受け入れ政策を概観する。

　日本における外国籍住民は第二次世界大戦後の数十年間にわたって、韓国・朝鮮籍の人が圧倒的であった（法務省, 2019）が、1990年代までは朝鮮半島や中国にルーツを持つオールドカマーが外国籍住民のほとんどを占めており、新規移民はごくわずかであった。永吉（2020）はこれを、高度経済成長期の労働需要の拡大は、農村からの労働力の移入や女性労働力によって補うことができたため、外国人労働力を必要としなかったためだと論じる（p.27）。しかしバブル経済によって人手不足が生まれ、それを補う必要が生まれると、日本は入管法改正によって、ブラジル・ペルーなどからの日系人を大量に受け入れるようになった。2008年にはリーマンショックによって経済状況が悪化したため日系人の増加にブレーキがかかったが、現在でもなお、在日外国人労働者の中で日系人は依然として大きな割合を占める。

　一方、技能実習制度もまた、労働力不足を補うための移民受け入れのために利用されてきた[3]。2010年代には技能実習生と留学生が外国人労働者の主たる成員となった。2018年には技能実習生は32万人を超え、外国籍人口の12%を占めている。こうした移民は、ほとんどが企業側の安くて雇用の調整が容易な労働力が欲しいという要望に応えるための単純労働者であり、その就労は多くの場合不安定であり、労働者としての権利が大きく侵害されるケースも多い。

　さらに2018年には出入国管理法の改正が行われ、翌4月からは特定の産業分野で、即戦力となる外国人の在留を認める資格（在留資格「特定技能1号・2号」）が新設された。これにより、日系人であるかを問わず、非熟練労働（単純）分野での外国人の就労が可能になる[4]。日本政府はさらに留学生の就職支援、介護人材の受入・育成推進に取り組んでいる。

　1990年代以降のこうした移民受け入れは、人手不足による単純労働者の確保と、生産性向上のための技術労働者の確保という二つの側面から捉えることができるが、日本では高度経済移民は少なく、むしろ就労の不安

定な移民が増えている（友原, 2018）。

　このように、日本は主として労働力の調整のために移民を受け入れてきたが、それに合わせて日本の労働形態そのものを変化させるということはなかった。政治的・法的にホスト社会を変化させざるを得ないほどの外国人は、受け入れてこなかったのである。

　望月（2019）は、単純労働者の多くが「非可視化」されている理由として、長時間労働のため、地域において目撃される機会そのものが少ないか、あるいは不安定な雇用形態のために住居を転々とせざるを得ず、地域の中での存在感が見えにくいと述べる。ところが、子どもは異なっている。

1.2　異言語話者の子どもの増加

移民の多様化と言語支援

　外国人労働者に関する政策だけを見ると、移民はただ労働力を提供する「人材」としてのみ捉えられているようであるが、彼らは人間である。最近の一部の制度において、配偶者や子どもの呼び寄せを制限してはいるが[5]、これまでの移民政策は多くの人がやがては家族を形成し、子を持つことを妨げるものではなかった。移民の大人は労働者・生活者として非可視化されていても、子どもは家庭に閉じ込められていない限り[6]、学校に通うことになり、また将来的に日本の市民となることを選択する可能性は十分にある。

　日本における外国人学校を見ると、19世紀末に既に中華学校ができるなど、華僑との共存の歴史は長い。また戦後に朝鮮が日本から独立を果たし、朝鮮半島に国家を建設するに至ると、日本にも朝鮮学校、韓国学校（1954年設立の東京韓国学校など）が設立された。これらは日本の制度では「各種学校」に当たり、学校が独自の裁量で教育内容を決められるもので、民族教育のできる場所であった。これは外国人の親にとっては、子に日本の「国民教育」を受けさせなくてよい権利を行使できる場でもあった。これらの学校では現在、日本語とのバイリンガル教育を行うが、児童生徒の主たる生活言語は日本語であることが多く、日本語支援の問題は生じにくい。

しかし1990年代の移民政策の転換により、外国籍人口動態は大幅に変化し、中国人に加えて、血統に基づく移民政策によるブラジル・ペルーなど南米出身者が増加するに至り、外国人労働者の子ども、つまり異言語話者の子どもを学校にどのように受け入れるべきかが国の問題として現れた（山本, 2014）。日系人とはいっても、南米に移民して数世代を経て、既に南米の言語に同化を果たしてスペイン語やポルトガル語のモノリンガルとなっていることが多い。このような子どもには日本語（就学言語）支援が必要である。こうして、学校における移民＝異言語話者の子どもについて、学習支援の必要性が認識され始めたのは、比較的最近のことである。

　中華学校や朝鮮学校同様、ペルー学校・ブラジル学校などは、各種学校に該当し、学費の負担が大きく、かつ移民の通いやすい環境に必ずあるわけではない。そこで、こうした移民の子どものほとんどは公立学校に通うことになる。日本の法律は外国人の子どもについては就学を義務化してはいないが、小中学校は外国籍の子どもも日本人と同じ条件で、無償で受け入れている（文部科学省, 2019a）。受け入れるのはよいが、異言語話者の子どもを学校で教育するための支援が政策として伴っていたわけではなかったため、地域でも学校でも、言語支援はほぼ教育関係者（教師、地域ボランティア）といった草の根レベルでの関係者によって行われてきた。これにより、これらの子どもたちを中心に、日本における移民への言語支援についての研究も大きく進むこととなった。

言語と学習に関わる総合的支援の必要性

　移民の子どもの就学について、移民第二世代の就学はどれほど成功しているのか。永吉（2020）は、2010年のデータから、日本国籍者と比べると、中国籍や韓国・朝鮮籍の移民第二世代は同等の教育達成を遂げる傾向にあるが、ブラジル籍やフィリピン籍の第二世代は不利な地位に置かれる傾向にあることを明らかにし、ここから、韓国・朝鮮籍、中国籍の国籍以外の移民については、日本国籍者に比べ、「親の社会経済的地位を子どもの教育達成に生かしにくい」傾向があると指摘する（p.237-241）。その理由として考えられる要因は複数ある。一つには、エスニック・コミュニティの

規模である。すなわち、集団の規模が大きいほど、相互扶助が生じやすく、規模が小さければ、相互扶助が期待できないため、二世以降の統合が難しくなる。大きなコミュニティがないとき、移民の家庭で親子の言語や文化が一致しなくなることは一般的に見られることだが、日本でも、母語に関する文化資本が日本語の文化資本に変換されがたいために、親の日本語能力の不足が学業失敗の大きな要因となりうると指摘されてきた（宮島, 2002）。これは、バイリンガル・バイカルチュラル以上の子どもを社会に統合するためには、言語と学習に関わる総合的支援が不可欠であることを示す。

　しかし学校はそれ自体が組み込まれている社会を映し出すものであり、学校だけでどのような社会をつくるのかを計画することはできない。学校自体では法的・政治的問題の欠落を補うことは決してできないため、教育問題を引き起こす原因となる法的・政治的問題がそれ自体として取り組まれなくてはならない。

　一方で、こうした現場の要請があるところに言語教育学や異文化間教育の実践が工夫されてきたのも確かである。たとえば吉永（2020）は多くの研究成果を引きながら、異なる文化を持つ集団と接触する機会が与えられること、特に良好な接触経験（権威によって接触が望ましいものとみなされている、接触が一定の頻度、密度、期間を持つなど）が持てるように設計されている場合に、相手集団への偏見を低下させられると論じる。統合には、少数派だけでなく、多数派への働きかけが重要なのだ。これは異言語・異文化を持つ子どもたちが学校に現れなければ、日本の教育においては意識されなかった問題でもある。

1.3　国民の教育負担および公教育への意識

　移民の統合を考える上で、日本の教育の次の側面が大きく関わってくる。一つには、日本が高学歴社会であること、もう一つには、教育における公的支出への国民意識の特徴である。

　日本の学歴社会としての側面を見ると、第二次世界大戦後まもなくは、高校進学者が50％に満たない時期が続き、また大学進学者も20％以下に

抑えられていたが、1960年代の高度経済成長期を経て、1978年には初めて短大を含む高等教育進学者が50％に達し、1980年代にいったん停滞した。大学学部についても同じく、1975年までに30％近くまで伸びるが、その後いったん停滞した。ところが、第二次ベビーブーマーが進学する1990年代以降、大学進学率は上昇し続けており、これと同時に高卒就職者は激減し、1970年代に半分以下であったものが、1990年代前半は30％未満、2000年代は20％未満にまで低下した（中澤, 2014）。すなわち日本は、移民が多様化し始めたころには既に「高校へ進学するのは当然」の国となっており、高校卒業資格はそれだけで何らかの卓越性を証明するものではなくなっていた。また現在は短大を含む大学へ進学する人が大多数である。高校だけではなく、大学においても大衆化が生じ、これによって学歴のインフレーションが生じている。

　高学歴化は多かれ少なかれ、どこの先進国でも見られることであるが、高校や大学の学費が国家によって無償化されている国々では、高校や大学に行くこと自体が経済的な負担とはなりにくい。ところが、日本はそうではない。

　日本は、イギリスやアメリカほどではなくとも、大学の学費の高騰が著しい国家である。国民の約半数が大学進学を果たすものの、世帯あたりの可処分所得が減り続けているのに対して学費が相対的に高くあり続けていることから、収入の少ない世帯ほど学費が生活費を圧迫し、進学が阻まれやすいという構造が強まっている。

　教育支出における公的負担についてみると、中澤（2014）によれば、日本は2016年時点で、初等、中等、高等教育以外の中等後教育における教育支出の90％以上は公的資金によるものであり、これはOECD平均に近い。ところが高等教育段階の教育支出については、53％が家計負担、17％がその他私的部門によって賄われ、公財政支出が占める割合はわずか31％である。これは、OECD諸国の中で最低水準にあたる。

　公教育の意識についての側面を見ると、高等教育進学率が上昇し、また高等教育費用の家庭負担額も大幅に増加しているため、教育費の家計負担はますます重要な問題として認識されている。それについての日本人の意

識を調べた研究は、日本の教育についての特徴的な側面を明らかにした。矢野（2013）によれば、大学教育の費用負担について、社会が負担すべきと考える人は少数派で、個人や家族が負担すべきと考えるのが8割を占めており、この傾向は回答者の学歴などの属性とは関連がない。しかし矢野も指摘するように、高学歴により高所得を得る可能性が高まり、また高所得を得る人は同時に高額の税収をももたらすため、教育が個人のみを受益者とすると考えるのは誤りであり、受益者負担という考え方は合理的な判断ではない。

格差の固定化とさらなる分断の危険

　教育における公的負担の少なさは、格差を再生産し、またこれを固定化すると考えられる。吉川（2006, 2009）は、現代日本を最終学歴が短大以上の「大卒層」が約半分と、それ以外の「非大卒層」がもう半分に二分された「学歴分断社会」であると描写し、社会的・職業的地位、世帯収入の多寡、各家庭の価値観がはっきり分かれると論じる。このような格差の上に、家庭の経済状況によって子どもの成績が負の影響を受けるという構造が続けば、この格差は拡大し、分断がさらに進むと考えられる。

　さらに移民政策を見ると、それは日本人よりも安価で使役できる低賃金労働者をより多く受け入れるものとなっている。1.1で述べたように、安い労働力人材として来日したニューカマーの子どもについては、日本国籍者に比べてますます経済的なハンディキャップを負うことが多くなると予想される。移民二世以降が就学に失敗し、そのために就労できないという事態が構造的に引き起こされ続けると、それは結果として、社会に十分に参画できない市民層を形成することになる。

提案されている方策

　こうした危機を避けるために、移民統合政策の議論ではいくつかの方策が提案されている。

　永吉（2020）は、その一つとして、高い日本語能力が十分でなくても高校に進学できる仕組みを作ることであると述べる。日本では進路決定は主

として高校進学時に行われるが、ここで十分な日本語能力がないとそれ以降の進学が阻まれることになる。そこで多様な入試制度に注目すると、その効果としては、中学生のころに来日した一・二世代の高校進学率が特別枠の設置によって急増したケースや、バイリンガル教員の採用によって、移民第二世代の高校進学率が上昇したケースなどが実証されている（p. 244）。こうした措置は高校入学「以降」の学業成功をも保証するものではないが[7]、少なくとも間口を広げる意味は持ち、高校進学以前に学歴社会から排除されてしまう可能性を下げることにはなるだろう。

　もう一つは、予算を平等に分配しないことである。移民二世の教育達成について、永吉は、教育制度の階層化がある場合でも、学校内で習熟度別の授業が実施されている場合や、学校間で予算が平等に分配されない場合には、その傾向は緩和されると論じる（p. 234）。これは、習熟度別のクラスで移民の子どもたちに合わせた授業が実施できることや、移民の多い学校に予算がより多く配分されることによって、不利が改善されるとためと考えられる。加配教員の配置などもその一つと考えられるだろう。

　これらの提案は、マクロレベルの教育政策の改善を訴えるものであるが、言語教育そのものの中には立ち入らない。これに対してヨーロッパでは、移民統合の問題は言語教育学の大きな問題となっている。そこで次章では、新しい言語教育学が開きうる可能性について論じたい。

2　異言語話者を含む学校での言語教育

2.1　二重の単一言語主義

　日本は二重の単一言語国家として特徴づけられる。近代化の結果、国内のコミュニケーションは日本語に独占されており、ほぼすべての教育制度において標準日本語が用いられる。外国語については、国際的コミュニケーションのための言語は英語であるとの表象が強く、また教育制度の中でも英語が特権的な位置を占める。近代国家成立の歴史において国家語が一つに統一されるのは稀ではないが、外国語教育を一言語のみに集中させるのは特徴的である。小学校では 2020 年より外国語教育が必修となった

が、そこで扱われる言語は原則として英語（文部科学省, 2017）とされており、教科書や外国語教育のための教員研修も英語にほぼ独占されている。ほとんどの大学入学者にとって、中等教育までに学校で学習できた外国語は英語のみであり、大学教育においても、文部科学省主導で行われた1990年代以降の新自由主義的な大学改革の中で、英語以外の外国語教育は質・量とともに減少し続けている（Oyama & Yamamoto, 2020）。このように日本では、英語のみが有用な外国語であるとの表象が、教育制度によって強化され続けている。

　外国語教育における単一言語主義の最大の問題点は、これが言語的多様性に対応できる人の育成にまったく貢献しない点にある。日本の学校は、近代化の過程で方言や地域語を抑圧し、また外国語の種類をも英語に限定させてきた。移民の増加を含むグローバル化により、日常生活の中の言語的・文化的多様性はますます増えているが、これにどのように対応するかを学ぶ機会は教育制度から欠落している。これは、日本における言語文化的多数派、すなわち日本国籍者で日本語のみを用いる人にとっても、少数派、すなわち外国籍を持つか外国にルーツを持ち、日本語以外の言語を話す人にとっても同様である。

　学校における日本語教育支援は、日本語と家庭言語とのバイリンガリズムに関わり、外国語教育は、日本語を話す児童生徒に英語の運用能力をつけさせるものである。言語の組み合わせは異なるが、いずれもバイリンガリズムの育成を問題とする点においては共通している。これらの問題はより普遍的な言語教育学の観点から、同時に論じられるものであるが、それを可能にしたのが、複言語主義というパラダイムである。

2.2　複言語主義と新しい言語教育学の誕生

　複言語主義の概念は、ヨーロッパ言語共通参照枠（CEFR）（Conseil de l'Europe, 2001）によって日本でも知られるようになった。この参照枠は拡大したEUの言語学習・教育・評価のために準備されたものであるが、その理念の汎用性・横断性から、複言語主義は日本の言語教育における新たな理念として紹介されてきた。CEFRの第1章において、複言語主義は、

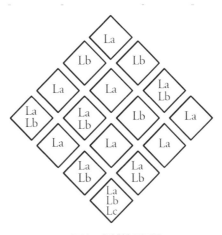

図1　相補性の原理
(グロジャン、2018, p.30)

ある地理的領域内における複数の言語の併存を指す「多言語主義」に対して、個人が複数の言語を保持することを指すとされている。また本書の序論で述べたように、言語政策として「個人が母語以外に二つの言語を学ぶこと」を奨励することが、多言語主義とも、複言語主義とも呼ばれることがある。さらにCEFRの8章では、複言語主義の概念を「複言語・複文化能力」という観点から論じている。

　複言語主義の大元にある「複言語・複文化能力」という概念の成立には、心理言語学と社会言語学の知見が大きく関わっている（Moore et al., 2020）。心理言語学研究では、1985年に始まるフランソワ・グロジャンによるバイリンガリズム[8]研究の発展が大きな影響を与えている。グロジャンの研究は、それまで研究者にも一般にも膾炙していた「バイリンガルとは二人の完璧なモノリンガルを合わせたものである」という表象が誤りであり、言語能力は「相補性の原理」に従うことを示した。

　図1は3言語話者の言語能力を、相補性の原理によって図示したものである。それぞれの四角形は、話者が生活の中で参入する活動領域、たとえば家族と話す、計算をする、テレビを見る、といった領域を表している。活動の中には、1言語でしか行わない領域もあれば、二つの言語、または

三つの言語で行う領域もある。モノリンガルにおいては、これらすべての四角形がただ一つの言語で占められることになるが、バイリンガルにおいては、領域によって、活性化される（可能性のある）言語が異なっているのである。

グロジャンのこの相補性の原理によって、バイリンガルが実際に「生活において必要な領域ごとに、どのように使用言語を使い分けているか」を示すことができ、それによってバイリンガルの言語使用についてより現実的な見方を提示することができるようになった。同時に、個人の保持する言語とは要素に還元できるものではなく、全体との関係の中で捉えることができるとの考え方が導かれた。

1985年以降のグロジャンの研究は、90年代のSLA（第二言語習得）の理論や、マルチリンガリズムの言語心理学研究の発展[9]に大きく寄与し、言語教育学に新たな視点を開いた。ここから「バイリンガルの保持する言語は複数であるが、バイリンガルの言語能力は、全体で一つである」という、複言語話者の全体論的見方が現れる。

複言語・複文化能力の根本にある社会言語学の知見は、Lüdi and Py (2009) によれば、「言語変種」の理論と談話分析（Coulthard, 1992; Kerbrat-Orecchioni, 1990-1994）、対話型社会言語学（Gumperz, 1982）、さらにエスノメソドロジーの影響を受けた会話分析に見られる言語の相互作用といった研究の知見を受けたものである。ここから言語使用に関する研究は、かつてチョムスキーの文法理論が行っていたような「達成された言語体系と言語能力」を強調するところから、「参加者のパフォーマンスが状況に応じてどのように動員されるか」という点へと向かうようになった。これはバイリンガルの能力が、社会や状況とのダイナミックなかかわりあいの中でどのように発現するかを問うものである。こうした知見は、言語教育研究に、バイリンガルがふだんから行っている言語実践を、根本的に豊かで、独創的で、複雑で、多義的で、多声的で、学校での概念開発と学習を促進するような性質のものとしてみなすことを可能にした（Gajo & Berthoud, 2018, Marshall & Moore, 2018）。

バイリンガルの言語能力と言語使用に関する知見に裏付けられた複言語

主義の考え方によると、言語能力とは決して「到達」するものではなく、生涯にわたって発展するものと位置づけられる。複言語・複文化能力はこのようにして、「言語的および文化的に多様な資源からなる個別的で発展的なレパートリーを動員する社会的行為者の能力」と定義されるようになる（Coste, Moore and Zarate, 2009）。これらが目指すのは、ある言語（それは、多言語話者によって実践されている）について、単一言語主義的な観点から、それぞれの言語で学習された言語の単純な追加であると考えるのではなく、能力の古典的な概念を、言語的レパートリーや言語資源の概念に置き換えて捉えることである。

　この新しい概念は、学校現場に蔓延する種々の表象を問いただすことになった。たとえば「諸言語はそれぞれ別個の存在であり、教室では厳密に分離されていなければならない」といった考え方や、「言語を学ぶことはその語彙や文法を覚えることである」という思い込み、そして最終的には「ネイティブスピーカーのレベルを達成することが目標である」といった考え方が問い直されている。

　ここで初めて、移民への言語・教育支援と、多数派への外国語教育の問題は、同じ「複言語・複文化能力」の発展という言語教育学のテーマの、二つの側面となる。

新しい言語教育学パラダイム

　複言語・複文化能力の全体的な概念が生まれたのは、社会統合に関する政治的目標が「多様性との共存」から「社会的結束」へと移り変わったのと同時期であった（Candelier, 2006）。一般の外国語教育、すなわち就学言語以外の外国語をカリキュラムで学ぶことと、異言語話者のための就学支援としての言語教育は、複言語教育という全体的かつ横断的な言語教育の見方の中で、カリキュラムのすべての言語的次元に関係する教育を達成すること、学習者が出会うことになるあらゆる言語（変種）を習得するための教育を行うこととして、再定位されたのである。複言語主義に基づく言語教育学の発展は、ヨーロッパで展開していた移民の社会統合の流れとも関連して、新たな教育原則を定める方向へと向かった。

新たな教育原則では、言語（と文化）能力の発達の各段階で、それぞれの学習者のレパートリーを構成するすべての種類を考慮に入れつつ、それを徐々に強化し、豊かにしていくことが課題となる。つまり、複数の言語を扱う能力が一つであるという能力観から発展すると、複数の言語を関連付けることを手助けすることが重要になるのである。複数の言語を関連付けることには、省察（reflexivity）の力が要求される。複言語教育では、複数の言語をナビゲートする力を養うことを通して、よりよく学習するための力が養えると考える。

　複言語主義の視点から見るならば、多言語化する学校における言語教育の課題は、言語能力に対する見方の変更を伴うものなのである。

結　論

　日本の支援の現状については本書で清田や浜田、オチャンテが詳しく論じるが、これらに共通するのは、小中学校の教師は学習者に寄り添い、機会の公平性を願う人が多いということである（もちろん個人を動かすより上位のレベルでの働きかけは常に必要である。本書のオージェによるネットワーキングの議論参照）。

　マクロレベルで見ると、国家は「大いなる撤退」をしていると論じる人もいる。日本の移民政策はこれまで建前だけを述べ、実際を無視してきた。その犠牲になる人々は、派遣切りにあったり、雇用の調整弁としてリーマンショックのときに切られた日系人であったり、法的に守られない隷属状態に置かれた技能実習生の問題を見れば明らかであり、人権が守られる国であるとは言えない。ではどうすれば政策が変わるのだろうか。

　国家に、これらの人たちの人権を守るようにさせるのは、それは国民がこうした移民への隷属的扱いに拒否を示すということであり、そのためには現在非可視化されている移民の存在を承認できるようになり、問題の本質を見抜く必要がある。言語教育学の問題として置き換えると、ここで必要なのは言語的他者との共存について学ぶ力である。これは一朝一夕には成し遂げられないが、少なくとも 1990 年以降の異言語話者の学校への受

け入れにあたって、教育者と研究者らはこの問題を考察する中で、言語教育そのものへの見方を更新し続けてきた。

　マクロレベルの動きは遅いかもしれないが、本書の中で論じられ、示されているように、ミクロレベル、そしてメゾレベルでは決してそうではない。教師たちは、外国人だから助けるのではなく、また移民を統合したいという期待を持ってそうするのではなく、おそらく「日本語が分からない子どもたちに、学習させなくてはならない」との使命感のもとで、支援を行っている。その中で必要なのは、日本語と母語とを同時に発展させるための教授（学習支援）方略であり、また言語的少数派と言語的多数派を含めて、複言語話者の能力を発展させる複言語教育なのである。

　心理言語学者フランソワ・グロジャンは、社会言語学者ジャクリーヌ・ビリエーズを引用している。

　　さまざまな変化は「下から」生まれるもので、話者はひとつの制度（国民教育省）を前に、グローバル化した文脈において、ますますバイリンガルや複言語話者（プルリリンガル）になるが、それ自体は抜本的な制度改革にいたらない。幼稚園と小学校の教師こそがさまざまな改革の主導をとり、教育活動の中心にあって、発達のあらゆる局面を通じて子どもの関心を維持する必要がある。

（グロジャン, 2018：118）

　ここにあるように、ミクロ・メゾレベルの教育実践は、そのままでは抜本的な制度改革を引き起こすものではない。しかしそれをマクロレベルの政策転換へと引き上げることができるのは、多数派が「社会の中の異言語話者を対等な市民としてみなす」ことを通じて、政策そのものに働きかけることを通してであろう。日本で移民の言語教育を全体の言語教育の中で問い直すことは、教育原則を問い直すこと、複言語話者としての日本人のアイデンティティを形成することに関わる問題なのである。

注

1) 現在の名称は国民連合（Rassemblement National）。
2) 民族的排外主義、特にオールドカマーである韓国朝鮮系の住民を対象にした市民団体「在特会」が2006年に結成され、2020年時点まで少なくとも解散されていないようであるが、外国人排斥をかかげる政治団体は下火である。
3) 1982年に作られた「技術実習生」資格を、労働者不足の業界団体が流用して外国からの労働者の受け入れを行うようになり、1993年に技能実習制度が発足することで、さらなる長期受け入れが可能になった。
4) こうした労働移民には、日本に来るにあたり、日本語能力の条件が課されている。しかし来日後の日本語学習支援を行うかどうかは企業や地域に任せられており、来日後の日本語学習機会の保障は存在しない。
5) 「特定技能1号」で在留する外国人の配偶者及び子について、在留資格は基本的に付与されず、日本語教育の必要な家族は呼び寄せを認めない方針で進んでいる。
6) フランスのように国籍を問わずすべての子どもの就学を義務付ける国もあるが、日本は教育を受けさせる義務は日本人にのみ定められており、外国籍住人に対してはこの限りではない。
7) 「高い日本語能力が十分でなくても高校に進学できる仕組みを作る」ことの負の面は存在する。日本語能力のないまま高校に進学しても、「何のフォローもない高校」であれば、子どもたちは退学をせざるを得ない。退学率の高さは文部科学省のデータからも明らかである。（文部科学省、2019b）
8) グロジャンによるバイリンガリズムの定義とは、「複数の言語を定期的に使う人」というもので、ここには二言語より多くの言語を用いる話者も含まれる。
9) Herdina & Jessner（2002）は、マルチリンガリズムの言語能力に関する心理言語学的モデルを精緻化した。

学習のヒント

・日本ではいつごろから、どのような移民が増えているのか、整理してみましょう。
・二重の単一言語主義について、それがどうしてできたのか、利点と問題点は何か、考えてみましょう。
・複言語主義のパラダイムはどのような点が新しいのか、自分の言葉で説明してみましょう。

グロジャン，フランソワ（2018）（西山教行監訳）『バイリンガルの世界へようこそ――複数の言語を話すということ』勁草書房

厚生労働省（2018）「『外国人雇用状況』の届出状況まとめ【本文】（平成 30 年 10 月末現在）」〈https://www.mhlw.go.jp/content/11655000/000472892.pdf〉

中澤渉（2014）『なぜ日本の公教育費は少ないのか――教育の公的役割を問いなおす』勁草書房

永吉希久子（2020）『移民と日本社会――データで読み解く実態と将来像』中公新書

法務省（2019）「在留外国人統計」〈http://www.moj.go.jp/housei/toukei/toukei_ichiran_touroku.html〉

水島治郎（2016）『ポピュリズムとは何か――民主主義の敵か，改革の希望か』中公新書

宮島喬（2002）「外国人の子どもの就学とその挫折――文化資本の変換の成否と動機付けの問題」宮島喬・加納弘勝編『国際社会 2 ――変容する日本社会と文化』東京大学出版会

望月優大（2019）『ふたつの日本 「移民国家」の建前と現実』講談社現代新書

文部科学省（2017）「小学校学習指導要領（平成 29 年告示）」〈https://www.mext.go.jp/content/1413522_001.pdf〉

文部科学省（2019a）『外国人児童生徒受入れの手引き』〈https://www.mext.go.jp/a_menu/shotou/clarinet/002/1304668.htm〉

文部科学省（2019b）「日本語指導が必要な児童生徒の受入状況等に関する調査（平成 30 年度）の結果について」〈https://www.mext.go.jp/content/1422198_007_1.pdf〉（2021 年 8 月 1 日参照）

矢野眞知（2013）「費用負担のミステリー――不可解ないくつかの事柄」広田照幸・吉田文・小林傳司・上山隆大・濱中淳子（編）『大学とコスト――誰がどう支えるのか』岩波書店：169-93

山本冴里（2014）『戦後の国家と日本語教育』くろしお出版

吉川徹（2009）『学歴分断社会』ちくま新書

Candelier, M.（2006）Cohésion sociale, compétence plurilingue et pluriculturelle : quelles didactiques ?. *Les Langues Modernes*, Association des professeurs de langues vivantes（APLV）, 2006, 2006(4), pp.35-45.

Conseil de l'Europe（2001）*Cadre européen commun de référence pour les langues : Apprendre, enseigner, évaluer*, Paris : Didier.〈http://www.coe.int〉

Coulthard, M.（Ed.）（1992）*Advances in spoken discourse analysis*. London: Routledge

Gajo, L. & Berthoud, A.-C.（2018）Multilingual interaction and construction of knowledge in higher education, *International Journal of Bilingual Education and Bilingualism* 21(7): 853-866. DOI: 10.1080/13670050.2018.1540537

Gumperz, J.（1982）*Discourse strategies*. Cambridge, UK: Cambridge University Press.

Kerbrat-Orecchioni, C.（1990-1994）Les interactions verbales [Verbal Interactions], tomes 13. Paris: Colin.

Lüdi, G., & Py, B.（2009）To be or not to be… a plurilingual speaker. *International Journal of Multilingualism*, 6（2）, 154–167.

Marshall, S. & Moore, D.（2018）Plurilingualism amid the panoply of lingualisms: addressing critiques and misconceptions in education, *International Journal of Multilingualism*, 15:1, 19-34, DOI: 10.1080/14790718.2016.1253699

Moore, D., Lau, S. M. C., & Van Viegen, S.（2020）Mise en Écho des Perspectives on Plurilingual Competence and Pluralistic Pedagogies: A Conversation with Danièle Moore. In *Plurilingual Pedagogies*（pp.23-45）Springer, Cham.

Oyama, M. & Yamamoto, S.（2020）Pluralistic approaches for Japanese university students preparing to study abroad. *European journal of language policy*, vol. 12, No.1, p. 29-53.

日本における外国人児童生徒等への教育と支援

日本語指導担当教員の方略に焦点を当てて

浜田麻里

要　旨

　2019 年 4 月 1 日の改正入管法施行により、日本は外国人受入れの新時代に突入した。それに伴って、多くの対応策が打ち出された。

　外国人児童生徒はマクロには①公教育システムからの排除、②母語・母文化の教育からの排除、③適応からの排除の 3 つの側面で排除されており、不公正を是正するための制度の改革が必要である。

　不公正の是正のためにミクロレベルでは外国人児童生徒等の教育課題を校内に位置付けるための方略が用いられてきた。しかしながら、ミクロの方略を支えるマクロの基盤は脆弱である。

　新たに示された多くの施策の展開を注視していく必要がある。

キーワード

国民教育、日本語教育推進法、2019 年改正入管法施行、ミクロの方略

1 序

2018年12月8日に決定された出入国管理法及び難民認定法（通称入管法）の一部を改正する法律が2019年4月1日から施行された。今回の改正では「特定技能1号」「特定技能2号」という就労を目的とした新たな在留資格が創設され、「高度な技能を持つ人材以外の外国人就労者は受け入れない」というこれまでの前提は崩れることになった。

さらに、これまで日本の労働力不足を補ってきた技能実習生とは異なり、「特定技能2号」の場合は一定の要件を満たせば家族の帯同が可能である。日本の学校に日本語を母語としない子どもがさらに増加することが予想される。

本稿では、日本における外国人受入れが新たな時代に突入したいま、日本の公立学校における外国人児童生徒等の受入れの基盤となるマクロレベルの制度のこれまでの課題を検証する。そして体制の不備を補完するのに学校教員のミクロレベルの方略が大きな役割を果たしていることを述べる。

本稿で用いている「外国人児童生徒等」という呼び方は基本的に文部科学省の用語に合わせたものである。「児童生徒」は日本で小学校から高等学校までの学校に就学する者を指しているが、本稿では実際には就学していない子どもも含む。また「等」が付いているのは、外国籍である子ども以外に、多様な言語や文化に触れながら生育している日本国籍の子どもを含むことを意味している（「等」が付いていないときには、外国籍の子どものみを指すものとする）。

2 外国人の子ども達の教育からの排除

2.1 国民教育としての日本の義務教育制度

日本では憲法と教育基本法によって子どもに教育を受けさせる義務は「国民」の義務と定められており、外国人保護者は義務の対象外とされてきた。結果として、外国人はいろいろな意味で公教育から排除されてきた。

外国人が就学義務から除外されたことは、第二次大戦終了時、植民地出

身の「日本人」として日本国内に居住していた朝鮮人への処遇をめぐる
GHQと日本政府の思惑の複雑な絡まり合いの産物である。しかしそれ以
降、日本では教育は「国民の育成」を目的とする「国民教育」の枠組みに
よって行われ、外国人が義務教育を受けるのは権利でなく「恩恵」である
という前提が成立してしまった（その経緯は仲原（1995）、佐久間（2006）、
小島（2015）に詳しい）。

　その結果、外国人は①公教育システムからの排除、②母語・母文化の教
育からの排除、③適応支援からの排除、の3つの側面で教育から排除され
てきた。

2.2　公教育システムからの排除

　外国人の就学義務からの除外の結果、多くの外国人が公教育から排除さ
れている。2019年に実施された調査（文部科学省, 2020a）では、就学が確
認されていない外国人の子どもの数は19,471人、さらに、住民基本台帳
に記載が残っているが、実態としてはすでに転居・出国しているかその予
定である数を加えると、22,488人が不就学の可能性があるとされている。
同調査では外国人学校等に就学している子どもは5,023人とされたが、就
学が確認されていないとされた19,471人の中にも外国人学校等に通う子
どもが含まれることが推測されている（専ら外国人の子供の教育を目的とし
ている施設（いわゆる「外国人学校」）の保健衛生環境に係る有識者会議,
2021：3）が実態は不明である。このように現状の制度の下では外国人の
子どもの就学状況を正確に把握することは極めて困難である。

　また、外国人学校は学校教育法第一条に定められた「学校」（いわゆる
一条校）として認められていないため、設備、人員確保や財政等において
厳しい状況に置かれている（愛知県（2021）にその一端が具体的に示されて
いる）。新型コロナウイルス感染症の影響下で一条校との格差はさらに如
実になった（小島, 2021）。

　したがって、不就学の可能性があるとされた22,488人に外国人学校等
に就学しているとされる5,023人を加えた27,511人の子どもが実質的に公
教育の枠組みから排除されていると見るべきであろう。

2.3　母語・母文化の教育からの排除

　さらに「国民教育」の枠組みが設定されることにより、外国人児童生徒に対する教育は「『恩恵』なのだから、かれ／かのじょらの『文化』も考慮する必要はないという同化教育」とセットになってしまった（佐久間，2006：185）。現在義務教育段階の公立学校でも外国人児童生徒等の母語の伸長に焦点を当てた実践が見られるようになってきているが、正規の授業としての母語・母文化の教育の実施は依然厳しい状況にあると言える。

　正規の時間外の学習としては、1991年に日本政府と韓国政府の間で交わされた「覚書」を受けて、文部省（当時）から出された「課外において、韓国語や韓国文化等の学習の機会を提供することを制約するものではない」との通知が根拠になり、実施が進みつつある。しかし、倉石（2012）は、この措置について、外国人の民族文化がカリキュラムの最末端部にほんのわずかな形で位置付けられることでかれらの「二級市民」への固定化が進み、また公教育に包摂されることで教育上の権利が剥奪されていることがかえって見えにくくされてしまう「包摂と排除の入れ子構造」であるとしている。

2.4　適応支援からの排除

　戦後、日本の公立学校で日本語を母語としない児童生徒が増加しはじめたのは70年代である。1972年に日本と中国の国交が回復し、日本の敗戦の混乱の中で中国にとり残されていた人々が家族とともに帰国した。また80年代になるとインドシナ難民の受入れが行われた。さらに90年代からは、かつて日本から南米に移民していった人々の子孫が来日して、製造業を中心とした日本の産業を支えるようになった。他にも、国際結婚家族の子ども等さまざまな背景の子ども達が日本の公立学校に通うようになった。

　つまり、言語的・文化的マイノリティの児童生徒が増えはじめて50年近くが経つわけであるが、この子ども達の母語学習支援や母文化のカリキュラムへの組み入れはおろか、日本語習得や日本の学校文化への適応についてすら、いまだに十分な体制が整えられていない自治体がある。

　現在整備されている体制の例として京都市の例を示す（ここに紹介する

表1　京都市における外国人児童生徒等の受入れ手順

編入決定時	①初めて学校に行く日の決定
受入れ初日	②教育委員会が学校通訳ボランティアを派遣 ③面談。学校教育全般の説明と児童生徒の情報の聞き取り
～1週間	④最初の1週間程度は通訳ボランティアが支援 ⑤校内で担当者会議（第1回）開催。管理職、学級担任、指導主事、日本語 　指導担当教員と、必要に応じて、学年主任、養護教諭、栄養教諭も参加
～1ヶ月後	⑥1週目以降、日本語指導開始 ⑦1ヶ月後、サポート会議（第1回）開催。管理職、学級担任、指導主事、 　日本語指導担当教員、保護者、通訳ボランティアが学校・家庭での様子、 　日本語指導の状況について共通理解する。
～半年後	⑧担当者会議・サポート会議（第2回）開催。
～1年後	⑨担当者会議（第3回）開催

内容は 2019 年現在、京都市教育委員会ホームページで公開されていた内容に基づいている（京都市教育委員会指導部学校教育課人権教育担当, 2015））。

　新しく京都市に来た子ども達については、以下のような手順で義務教育段階の京都市立学校への受け入れが行われている。

　まず、子どもが就学年齢に達したときに京都市に在住している場合には、外国籍の保護者には多言語表記の就学案内が送付される。

　途中からの編入の場合には、表1のような手順で受入れが行われる。

　この他、来日直後の児童生徒の適応支援や母語保持のために、児童生徒の母語ができる支援員が週1回派遣されることもある。

　なお、最初の1年間は正規の教育課程として、教員免許を持っている教員による日本語指導が行われる。1年経過後は、教員免許を持たない一般市民や学生が週1回、放課後の時間に支援を行う。

　ただ、このような外国人児童生徒の受入れ体制の整備は基本的に自治体に任せられており、結果として自治体間の大きな格差を生んでいる。文部科学省は日本語指導が必要な児童生徒数を把握するため、現在2年に1回調査を実施している。2018 年に実施された調査の結果によれば（文部科学省, 2020b）、全国の公立の小学校から高等学校までに在籍する日本語指導が必要な児童生徒は 50,759 人（外国籍 40,485 人、日本国籍 10,274 人）であるが、そのうち何らかの日本語指導等を受けている児童生徒数は外国籍で79.3％、日本国籍で 74.4％にとどまる。残りの 20％の児童生徒は日本語指

導が必要であると把握されているにもかかわらず指導を受けられない状態で放置されている。日本にやってきた家族がどの地域に住むかによって子どもの運命が分かれてしまうという状況は看過できるものではない。

また、2018年の同調査では高校生等の中退・進路状況についても調査が行われている。日本語指導が必要な高校生の中退率は9.6％で、全高校生の平均1.3％の7.4倍である。高校卒業後に大学や専修学校等に進学する率についても、全高校生等平均が71.1％であるのに対して日本語指導が必要な高校生等は42.2％となっている。さらに、就職者についても、非正規就職率が40.0％である（全高校生等平均4.3％）。日本語ができないことがキャリアにも大きな影響を与えていることがわかる（以上、文部科学省, 2020b）。

このように空間的に学校という場にいたとしても、学習活動や子ども同士のつながりから排除され、結果的に進学、就職を含めた日本での将来の可能性が閉ざされてしまうのであれば、これもまた倉石（2012）のいう包摂されることによって排除される「包摂と排除の入れ子構造」に他ならない。

日本語を母語としない児童生徒を学びの場に包摂するために欠かせない日本語指導が義務教育の正規の教育課程として認められたのは2014年である。文部科学省令の改正により、特別の教育課程を編成して日本語指導を行うことができる制度改革が行われた。日本語指導が必要な児童生徒を学校教育に包摂するための制度が初めて公的に認められたことになる。この制度によれば、一定の条件を満たせば年280時間まで別室に取り出して日本語の指導を受けることができる。また、高等学校についても、特別の教育課程制度の導入がすでに有識者会議から提言されている（高等学校における日本語指導の在り方に関する検討会議, 2021）。

さらに2017年、学習指導要領の改訂時に日本語指導が必要な児童生徒には「実態に応じた指導内容や指導方法の工夫を組織的かつ計画的に行うものとする」という文言が付け加えられた。

ただし特別の教育課程実施率は、日本語指導が必要な対象者全体から見ると、外国籍児童の48.3％、日本国籍児童生徒の42.6％に止まっている。

また学習指導要領に示された文言についても、どのような指導の工夫を行えばよいかについての認識は学校現場で共有されているとは言いがたい。本書オジェ論文によれば、フランスでは2002年の国民教育省の通達により包摂の原則が設定され、「移民の子どもの言語と過去の経験とを考慮する必要性」が示されたという。すなわち子どもの以前の学校体験を教室内で積極的に利用し、発展させることが重要であるという考え方である。日本の公立学校教員で日本語指導を行ったり児童生徒の母語を教えたりすることのできる教員は少ないかもしれないが、外国人児童生徒等がこれまでの体験で身に付けてきたものの活用を工夫することで学びの場に包摂するという発想でなら、どの教員でもできることがあるだろう。そしてそれは複言語主義への地ならしにもつながることが期待できるのである。

3 日本語指導教員の方略

　このようにマクロレベルの制度が不十分な中、メゾレベルでは、一部の自治体が「外国人教育方針」を定め、外国人の児童生徒の学ぶ権利や母語・母文化を学ぶ権利を、決して十分とは言えないまでも、守ろうとしてきた（鄭他, 1995）。またミクロレベルでは、つねに高い使命感を持った教員達による公正性を実現するための奮闘があった。それは在日コリアンについてもその他の外国人についても同様である。

　ここでは東海地方のある都市の公立小学校でおよそ20年にわたって日本語指導を担当してきた井上先生（仮名）の語りから、外国人児童生徒等の学ぶ権利を守るための公正性が学校現場で教員達によってどのように形成されてきたのか、一例を紹介したい。

　井上先生は、児童を在籍する学級から別室に取り出して行う「日本語指導」の時間を担当することを中心的な職務として担う、いわゆる日本語指導担当加配教員である。直接日本語の授業を担当する以外に、児童の学級担任やその他の教員と連携協力して児童の学習環境の整備を行っている。取り出しの指導では、日本語の習得の支援だけでなく、母語支援員と協力した子どもの母語の保持や母文化に誇りを持ち自尊感情を高めることに資

する取り組みも行っている。

　児童が別室で井上先生の日本語の授業を受けるのは、週に数時間であり、授業時間のほとんどは在籍する学級で他の児童と同じ授業を受ける。したがって、日本語指導担当教員が自分の担当する授業の質を向上させるだけでは、本当の意味で児童の学ぶ権利が守られることにはつながりにくく、在籍学級の授業を担当する教員の理解と協力は不可欠である。外国人児童生徒等の課題は学校全体の取り組みの中に位置付けられることが重要であることはすでに多く指摘されている（中西・佐藤, 1995; 梶田他, 1997; 山脇他, 2005; 文部科学省, 2019b等）。

　では、外国人児童生徒等の課題の校内の教育活動への位置付けを井上先生はどのように形成していったのだろうか。

　位置付けは主に二つの方向の働きかけから形成された。一つは垂直方向の働きかけ、もう一つは水平方向の働きかけである。

　垂直方向の方略は社会的な立場による権威を利用したものである。

　　そのあと教育長になられた方とかが、教育長になられるような（立派な）方だったみたいで、〇〇市に（外国人が）増えてきたってときに、「自分の子どもがもし他の国に行ってそういうことになったときに、どうあってほしいかっていったら、やっぱりきちんとした教育を受けることができて、いろんな面で助けてもらえたりしたらいいよね」って。（中略）うちの教務（主任）なんかは若いときに（元教育長と）同じ学校にいたりしてるから、「そう言ってたよね」って。だからそういう意識「来なきゃいいんだ」じゃいかんよねってことは、言ってますね。

　井上先生や教務主任は外国人の子ども達の学ぶ権利の擁護の重要性を他の教員に伝えるのに、教員皆が知っている元教育長の言葉を用いている。この他に、大学教員の学校への来訪も教員に課題の重要性を感じさせるのに有効であったという。このように、公的な権威を持つ立場にある者の言動によって公正性を形成しようとするのが垂直方向の方略である。

しかし校内の教育活動としての位置付けが成立するためには、垂直方向の働きかけだけでなく、さらに同僚である教員間での働きかけが必要である。これを水平方向の方略と呼ぶ。水平方向の方略とは、日本の学校の実践の改善を支える伝統的なチャンネル（国立教育政策研究所, 2014）ともされる同僚性（Little, 1982）を踏まえ、校内研修や授業研究等、教員が日常的に学び合うチャンネルを活用したものである。

　　校内での授業研究会で（各教員が）一人一授業（を公開して同僚教員に見てもらう）っていうのあるんですけど、そういうのは（自分から名乗りを上げて）絶対やるし、（中略）でもそうやって見てもらうと、担任の先生が自分の教室にいたときのじーっとしてた子が、なんかすごく楽しく生き生きと（していて）「あんなに意欲的？」「あ、しゃべるんだね」とか、「ああいうの使うと、あれって教室で使えるよね」とか（いう話になる）。それ（＝教材）を遠慮なく貸し出す。（中略）「ごんぎつね」とかやるのに「びく」とか、日本の子もわからないけど、見せたいけどそれをさがすのって大変。「先生、これだけあるよ。データであるよ」とかって。（中略）お得感と重要性を実感してもらうと、子どもと（子どもを）担当してる教員に対する見方が変わってくる。

　井上先生が日本語指導担当を始めた当初は「ことばわかんないから大変だから、帰ればいいのに」といった会話が普通に職員室でなされていたという。多くの教員は日本語のできない児童に自分が教えることは不可能であるという認識を持っているが、井上先生の授業は、まず、この認識を覆すことに成功している。同僚教員は、井上先生の授業を見ることで、授業のやり方によっては日本語が十分わからない外国人児童も意欲的に学ぶことができる可能性があるということに気づくのである。井上先生は、そのために有用な教材や授業のやり方を惜しみなく同僚と共有していた。
　すると、同僚教員にとって、外国人児童は自分の教育的働きかけによって能力を伸ばしうる可能性を秘めた存在に変わり、また子どもがどれだけ

学べるかを左右する自分の教育的働きかけの重要性にも気づいていくのである。

　　それとあと記録ですよね。記録がすごく大事になってくる。やりかけたときからなんですけど、必ず記録を取るようにして、毎時間、一人一人の記録を書くんですね。（中略）なんか担任が喜びそうなこと、教室でも使えることとか、違う様子をまめに書くと、担任がたくさん（返事を）書いてくるんですよ。（中略）あと、若い先生がいま増えてきてるから、いまだと悩み相談みたいな「日本の子達もここがわからないけど、先生だったらどんなふうにやりますか」とか。（中略）何か最近、「いっしょだよね」っていう…こっち（＝日本語指導）でやってる指導も教室で使えることっていっぱいあって、例えばリライト（＝rewrite：教材文を児童がわかる日本語にやさしく書き換えること）にしてもJSL（＝JSLカリキュラム：日本語と教科の統合学習）にしても、あれ、日本の子ども達の授業にも有効だよねっていう先生がうちの学校では増えつつある、って感じですかね。

　井上先生は授業記録ノートをメディアとして用い、担任教員と情報交換しているが、この情報交換のチャンネルを通して、外国人児童がわかる授業のやり方を工夫することは、外国人児童だけでなく日本人児童に対しても有効であり、授業の質全体を向上させることにつながるという認識が共有されるようになっている。この認識は、外国人児童のために教育的リソースを投入することは、日本人児童への教育的リソースを奪い、日本人児童の教育を阻害することなのではなく、むしろ、外国人児童を包摂する教育を行うことによって学校教育全体の質を向上させうるという認識にも波及していく。

　井上先生の勤務校でもかつては「なんでこの子達にこんなに手をかけないといけないの？」という発言が聞かれたという。外国人児童生徒等をめぐる教育課題は、マクロレベルで外国人が就学義務の対象外として位置付けられることによって外国人である「かれら／かのじょらの課題」と見な

されてきた。それは、日本人である教員や国民教育を行うべき学校がなぜ外国人の教育を担わなければならないのかという認識につながる。井上先生の水平方向の働きかけは、「かれら／かのじょらの課題」を、私達の学校の教育改善、すなわち「私達の課題」として位置付け直すことに成功している。

なお現在では、同じ市内の異なる学校の教員が組織する「協議会」でのネットワークを通じて、「私達の課題」という認識はこの学校だけでなく、近隣の学校にも広まりつつあるという。

このように、外国人児童生徒等の教育における公正性を確保し、子ども達が教育システムの中で排除されないようにするのに、マクロな制度に空いた穴を個々の教員によるミクロな方略が補填している。井上先生のような存在がいない学校では、公正性を担保することが難しくなってしまうことになる。

4 ミクロな方略を支えるマクロな構造の脆弱さ

ただし、このようなミクロの方略が機能するためには、やはり最低限のマクロな制度の裏付けが必要であることには注意が必要である。まず、井上先生のような日本語指導者を配置するための財政的裏付けが確保されること、そして日本語指導担当として井上先生のような力量を持つ教員が育成されることである。

高松（2013a, 2013b）は、高校で取り出し指導を担当する講師にインタビューを行い、非常勤講師は専任教員や他の講師と実践的知識を共有するような同僚性を構築しにくいとしている。井上先生は終身雇用である教諭の身分にあり、また日本語指導担当になる以前に一般の教員としての経験を蓄積してきた。したがって、これまでに培ってきた有形無形の資本を日本語教室担当としての職務に投資することができる。しかし現状では日本語の取り出し指導を担当する教員は大半が非常勤である。文部科学省（2020b）によれば、日本語指導の支援者4,252人中、常勤職員は244人（5.7％）にとどまり、それ以外は同僚性を構築しにくい臨時・非常勤職員

やボランティア、他機関からの派遣である。

　また、常勤の教員が指導に当たったとしても、個人の使命感や良心に依存した不公正の是正は、システムとして不安定である。日本語指導担当の教員がしばしば口にするのは「校長や行政の担当者が変わったら、また白紙に戻る」ということである。

　さらに教員個人に過度な負担を強いる。OECDの調査によれば、中学校教員の勤務時間配分のうち、「学校内で同僚との共同作業や話し合いに使った時間」について日本は調査参加48か国の平均を大きく上回っている。同僚との話し合いを通して教育の向上を実現しようとするのは日本の教師文化かもしれないが、日本の学校教員の労働時間は小学校、中学校とも調査参加国中で最も長い（国立教育政策研究所, 2019）。

　ミクロの方略は、不公正の是正に欠くべからざる役割を果たしているが、その基盤は非常に脆弱なものである。

5　外国人受入れ拡大への対応

　2018年の入管法改正後、さまざまな施策が打ち出されている。2018年12月25日には「外国人材の受入れ・共生のための総合的対応策」が関係閣僚会議において決定され、各省庁が対応策を推進することとなった。総合的対応策を踏まえ、文部科学省では文部科学副大臣をリーダーとする「外国人の受入れ・共生のための教育推進検討チーム」が、取り組むべき施策を「外国人の受入れ・共生のための教育推進検討チーム報告」として取りまとめた。その中では「基本的な考え方」が次のように示された（文部科学省, 2019a）。

　　外国人の受入れ・共生は、我が国に豊かさをもたらすものであり、外国人が日本人とともに今後の日本社会を作り上げていく大切な社会の一員であることを認識し、日本人と外国人がともに尊重し合い、さまざまな課題に対して協働していくことのできる環境を構築することが重要である。

また 2019 年 6 月には「日本語教育推進法」が成立した。この法律では日本語教育を受けることを希望する外国人等に対し、その希望、置かれている状況及び能力に応じた日本語教育を受ける機会が最大限に確保されるよう日本語教育を推進することが国や地方公共団体の責務であるとされている（第三条、第四条、第五条）。そして学習者別に求められる日本語教育の在り方が示され、外国人児童生徒等については、次のように日本語及び教科の指導の重要性が記されている。

　　　国は、外国人等である幼児、児童、生徒等に対する生活に必要な
　　日本語及び教科の指導等の充実その他の日本語教育の充実を図るた
　　め、これらの指導等の充実を可能とする教員等の配置に係る制度の
　　整備、教員等の養成及び研修の充実、就学の支援その他の必要な施
　　策を講ずるものとする。　　　　　　　　　（日本語教育推進法第十二条）

　これまで外国人児童生徒等の教育について関係者が強く訴えてきた考え方が法律として位置付けられたこと、また、国や地方自治体の責務が明確化されたことは注目に値する。さらに、家庭で使用される言語の重要性にも配慮が必要とされ（第三条七項）、日本における複言語主義政策への扉が開かれたことも見逃せない。

　2021 年には、中央教育審議会から初めて外国人児童生徒等の教育の在り方について答申がなされた（中央教育審議会, 2021）。答申では基本的な考え方として「外国人の子供たちが将来にわたって我が国に居住し、共生社会の一員として今後の日本を形成する存在であることを前提に、関連施策の制度設計を行う」必要があるとされた。さらに、「外国人児童生徒等のアイデンティティの確立や母語や母文化の習得が重要」であり、学校内外でも「母語・母文化に触れる機会が得られることが望ましい」とされた。

　「かれら／かのじょら」の問題であった外国人の教育の問題がやっと日本社会の問題として位置付けられたのである。また、外国人児童生徒を日本人と同様に扱うのではなく、その複言語能力の伸長を学校教育のカリキュラムに組み込むことの可能性も拡がった。

6　おわりに

　佐藤（2009）は、日本における外国人の子どもの教育に関する施策は対症療法的で、制度を改革せず従来の施策の枠組みの延長線上でなされてきたと批判した。新たに打ち出された上記のさまざまな施策は、外国人の子どもの3つの排除を解消し、課題を根本的解決に導くだろうか。またマクロな政策の改革が学校現場の教員のミクロな営みに浸透するのにどのようなプロセスをたどるのだろうか。今後の展開を注視する必要がある。

学習のヒント

・あなたの受けてきた教育の中で、さまざまな文化について何をどのように学びましたか。クラスに外国にルーツを持つ同級生がいた経験がある場合は、その人の文化にクラスでどのような対応がなされていたか思い出してみましょう。
・日本にある外国人学校やインターナショナルスクールについて調べてみましょう。所在地、提供している課程（就学前、義務教育、高校以上）、教職員（教員免許の有無）、認可の状況、校地やグラウンドの有無、経営状況、特別支援教室や保健室等の設置状況、卒業後の進路等、多様な側面から現状を検討しましょう。
・教師のミクロの方略の強みと弱みは何でしょうか。文中で言及されている以外の点についても考えてみましょう。

参照文献

愛知県（2021）「2020年度『愛知県内の外国人学校に対する調査』について」〈https://www.pref.aichi.jp/soshiki/tabunka/buraziruzingakko202002.html〉（2022年1月7日参照）

梶田正巳・松本一子・加賀澤泰明（1997）『外国人児童・生徒と共に学ぶ学校づくり』ナカニシヤ出版

京都市教育委員会指導部学校教育課人権教育担当（2015）「日本語指導の手引き――『特別の教育課程』による日本語指導がスタートしました！」〈http://www.city.

kyoto.lg.jp/kyoiku/page/0000245949.htm〉（2019 年 1 月 31 日参照）

倉石一郎（2012）「包摂／排除論からよみとく日本のマイノリティ教育」『教育における包摂と排除――もうひとつの若者論』明石書店

高等学校における日本語指導の在り方に関する検討会議（2021）「高等学校における日本語指導の制度化及び充実方策について」（報告）〈https://www.mext.go.jp/b_menu/shingi/chousa/shotou/166/index.html〉（2022 年 1 月 7 日参照）

国立教育政策研究所（2014）『OECD 国際教員指導環境調査（TALIS）のポイント』〈https://www.nier.go.jp/kokusai/talis/imgs/talis_points.pdf〉（2022 年 1 月 26 日参照）

国立教育政策研究所（2019）『教員環境の国際比較　OECD 国際教員指導環境調査（TALIS）2018 報告書――学び続ける教員と校長』ぎょうせい

小島祥美（2015）「特別の教育課程導入と外国人児童生徒の教育」『移民政策研究』7, pp.56-69.

小島祥美（2021）「外国籍の子どもの不就学問題と解決に向けた提案―― 20 年間の軌跡からの問い直し」『異文化間教育』54, pp.78-94.

佐久間孝正（2006）『外国人の子どもの不就学』勁草書房

佐藤郡衛（2009）「日本における外国人教育政策の現状と課題――学校教育を中心にして」『移民政策研究』創刊号, pp.42-54.

高松美紀（2013a）「定時制高校における『取り出し指導』の現状分析――日本語指導体制の変革に向けての課題」『異文化間教育』37, pp.84-100.

高松美紀（2013b）「日本語指導が必要な外国人生徒を対象とした『取り出し指導』をめぐる同僚性と専門性――定時制高校の非常勤講師に焦点を当てて」『多言語多文化――実践と研究』vol.5, pp.72-98.

中央教育審議会（2021）「『令和の日本型学校教育』の構築を目指して～全ての子供たちの可能性を引き出す、個別最適な学びと、協働的な学びの実現～（答申）」〈https://www.mext.go.jp/content/20210126-mxt_syoto02-000012321_2-4.pdf〉（2022 年 1 月 7 日参照）

鄭早苗・朴一・金英達・仲原良二・藤井幸之助編（1995）『全国自治体在日外国人教育方針・指針集成』明石書店

中西晃・佐藤郡衛（1995）『外国人児童・生徒教育への取り組み』教育出版

仲原良二（1995）「在日韓国・朝鮮人の民族教育に対する日本政府の処遇の推移」鄭他（1995）

専ら外国人の子供の教育を目的としている施設（いわゆる「外国人学校」）の保健衛生環境に係る有識者会議（2021）『専ら外国人の子供の教育を目的としている施設（いわゆる「外国人学校」）の保健衛生環境に係る有識者会議　中間とりまとめ』〈https://www.mext.go.jp/content/20210825-mxt_kokusai_000015395_2.pdf〉（2022 年 1 月 7 日参照）

文部科学省（2019a）『外国人の受入れ・共生のための教育推進検討チーム報告――日本人と外国人が共に生きる社会に向けたアクション』〈http://www.mext.go.jp/a_

menu/kokusai/ukeire/1417980.htm〉（2019 年 11 月 30 日参照）

文部科学省（2019b）『外国人児童生徒受入れの手引き　改訂版』明石書店

文部科学省（2020a）「外国人の子供の就学状況等調査結果（確定値）について」〈https:
//www.mext.go.jp/a_menu/shotou/clarinet/genjou/1295897.htm〉（2022 年 1 月 26 日
参照）

文部科学省（2020b）「日本語指導が必要な児童生徒の受け入れ状況に関する調査　平
成 30 年度」〈https://www.e-stat.go.jp/stat-search/files?page=1&toukei=00400305〉
（2022 年 1 月 26 日参照）

山脇啓造・横浜市立いちょう小学校（2005）『多文化共生の学校づくり——横浜市立い
ちょう小学校の挑戦』明石書店

Little, J. W.（1982）Norms of Collegiality and Experimentation: Workplace Conditions
of School Success, *American Educational Research Journal*, 19（3）, pp.325-340.

日本の公立中学校における
母語を活用した学習支援

清田淳子

要　旨

　グローバル化の進展に伴い、日本の小中学校では日本語を母語としない言語少数派の子どもが増加している。学習言語能力の獲得には長い時間がかかるため（Cummins, 1984）、子どもたちの多くは教科学習に困難を抱える。そして学校の授業についていけないことは、認知面の発達、情意面の安定、進路選択にも大きな影響を及ぼす。問題の解決に向けて岡崎（1997）は、「二言語相互依存の原則」（Cummins, 1984）を理論的基盤とし、子どもの母語を活用した教授法「教科・母語・日本語相互育成学習モデル」を提唱した。このモデルによる学習支援では、子どもは自由に操れる母語を用いて自分の思考を言語化し、支援者や仲間と内容の交渉を行いながら理解を深める。そして母語で得た理解を梃子に学習言語としての日本語を学び、教科理解を進めていく。本稿では「教科・母語・日本語相互育成学習モデル」に基づく教科学習支援の実際を示し、その意義と課題について述べる。

キーワード

言語少数派の子ども、母語の活用、「教科・母語・日本語相互育成学習モデル」、教科学習支援、「二言語相互依存の原則」

1 はじめに

　人、モノ、情報の移動が世界規模で進む中、日本社会においては 1990 年の出入国管理及び難民認定法の改正以降、「言語少数派の子ども」[1] が増え続けている。文部科学省（2019a）の最新の調査報告によれば、「日本語指導が必要な外国籍の児童生徒」は 40,485 人で、これは 2 年前の前回調査に比べて 6,150 人、割合にして 17.9%増えており、1991 年の調査開始以来、ほぼ一貫して増加傾向にある[2]。

　これらの子どもたちを母語別に見ると、最も多いのはポルトガル語で全体の 25.7%、次いで中国語（23.4%）、フィリピノ語（19.5%）、スペイン語（9.3%）と続き、これら 4 言語で全体の約 8 割を占める。ポルトガル語とスペイン語を母語とする子どもが多いのは、先述した 1990 年の入管法の改正で、ブラジルやペルーなど南米諸国の日系人の定住資格が大幅に緩和されたことによる。

　言語少数派の子どもの多くは、来日後、地域の小中学校に通う。受け入れ先の学校では全く日本語がわからない子どもに対し、まず、学校生活を送る上で最小限必要な日本語を教え、続いて簡単な読み書きなど日本語の基礎指導を行い、徐々に教科学習へ移行する。しかし、この段階的指導にはいくつかの問題点がある。一つは、日本語学習から教科学習への移行がうまくいかないことである。ある程度日本語が話せるようになった後でも、在籍学級の教科学習に困難を抱えている子どもが多いことが相次いで指摘されている（朱, 2007 など）。もう一つは、日本語力の向上を待つ間、母国で継続されていた教科学習が一時的に停止され、認知的な発達が中断されるという問題である（岡崎, 2005）。

　言語少数派の子どもに対する教科学習支援をどのように進めるか、問題の解決に向けて 1990 年代末頃から教授法の開発が相次いだ。具体的には、言語指導と教科内容を統合し、具体物や体験を支えに学習活動を行う JSL カリキュラム（文部科学省, 2003）、国語教材文を子どもの日本語力に合わせて易しい日本語で書き直したリライト教材（光元・他, 2006）、そして子どもの母語を活用した教授法として「教科・母語・日本語相互育成学習モ

デル」（岡崎, 1997）や群馬県太田市のバイリンガル教員による指導（池上・末永, 2009）などが行われてきた。

本稿ではそれらの教授法の中で「教科・母語・日本語相互育成学習モデル」に着目し、このモデルに基づく学習支援の様相について述べていきたい。

2 「教科・母語・日本語相互育成学習モデル」の概要

2.1 「教科・母語・日本語相互育成学習モデル」の理論的基盤

本節ではこのモデルを提唱した岡崎（1997）をもとに、その理論的基盤について述べる。

Cummins（1984）によれば、教科学習で必要とされる学習言語能力は文脈からの助けが少なく認知的な要求度も高いことから、その習得には5〜7年という長い時間がかかるとされる。また、第二言語習得の分野では「理解可能なインプット」の重要性が主張され、書かれた物を読んだり人の話を聞いたりして学習者に与えられるインプットがどういう意味なのかわかると言語習得が促されるという（Krashen, 1982）。

習得が難しい学習言語を理解可能なものにするための方策として、絵や写真を用いて視覚化することや簡単な言葉への言い換えがある。さらに岡崎（1997）はスキーマ（知識の枠組み）の形成ということを挙げ、どのようにスキーマを形成するかについて「二言語相互依存の原則」[3]（Cummins, 1984）を理論的な拠り所とし、次のように説いている。

まず、母国の学校教育で、つまり母語でスキーマが形成されている場合、そのスキーマは第一言語と第二言語の「共有基底」[4]に存在するため、すでに形成されたスキーマを活性化させることで日本語の学習言語を理解可能なものにしていくことができる。一方、どの言語でもスキーマが形成されていない場合、スキーマが形成されるには、その内容が理解できて語彙のネットワークが形成され、概念形成がなされる必要がある。しかし、教科学習のような抽象的な内容についてスキーマを形成するには、生活言語レベルの日本語では対応することができない。そのような場合、教科書

の母語訳を読んだり母語による説明を聞いたりすることが、スキーマの形成に重要な鍵となる。そして、母語で内容を把握した後、日本語で行われる授業や学習活動を通して新しいスキーマが本格的に形成されていくことになる。

2.2 「教科・母語・日本語相互育成学習モデル」の目的

　このモデルは、次の①〜③に示すように、教科理解を促し、学習言語としての母語と日本語の力を相互に育成することをめざす。

> ①母語の助けを借りて、日本語で書かれた教科書の内容や日本語で
> 　行われる授業内容を理解し、教科学習を進める。
> ②教科学習で使われる日本語を、母語の助けを借りて理解可能にす
> 　ることを通して、学習言語としての日本語を学ぶ。
> ③教科学習場面で母語を使うことを通して、学習言語としての母語
> 　を保持・育成する。

2.3　学習支援の流れ

　このモデルを用いた学習支援は、図1に示すように子どもの母語だけを使って学ぶ場面（①）と、おもに日本語を使って学習する場面（②）から構成される。そして、学校の放課後の補習や地域の日本語教室で、在籍学級の授業に「先行」し、予習として行われる。

学 習 支 援
①母語による先行学習 ⇨ ②日本語による先行学習　⇨　在籍学級の授業

図1　「教科・母語・日本語相互育成学習モデル」に基づく学習支援の流れ

　国語の学習を例に支援の流れを述べると、「① 母語による先行学習」の場面では、学年相応の国語教材文を母語に翻訳した資料を用意し、子どもは母語支援者とともに母語でその内容について学ぶ。続く「② 日本語に

よる先行学習」では、①と同じ教材文を日本語支援者とともに日本語で学ぶ。このとき母語支援者も同席し、子どもが助けを求めたときや母語支援者が必要と判断したとき、母語で介入することが全員に了解されている。

　支援にあてる時間は①も②も同じで、中学生であれば①を40分ほど行い、続いて②を40分行うという具合である。時間配分を同じにすることには、「両言語とも同じように大切である」というメッセージが込められている。

　このモデルに基づく学習支援は、これまでおもに国語や社会科を対象に行われてきた（清田, 2007, 2016; 朱, 2007; 原, 2005 など）。次章では、ある公立中学校で行われた国語の学習支援を例に、支援者と子どものやりとりの様子を示していく。

3　「教科・母語・日本語相互育成学習モデル」を用いた学習支援の概要

3.1　フィールドの概要

　本章で示す学習支援は、東京近郊のある公立中学校で実施したものである。この学校の言語少数派の子どもの割合は、年によって変動はあるが全校生徒の約10%である。学校には国際教室が設置され、常勤の教員が配置されている。また、市から派遣された母語支援者が取り出し支援[5]や入り込み支援[6]に日常的に参加しており、そのため学習場面で子どもたちの母語を使用することは教員や日本人生徒にとって見慣れた光景となっている。

3.2　支援者

　「母語による先行学習」は、子どもと母語を同じくする地域の定住者や大学院留学生がおもに担当した。一方、「日本語による先行学習」は、地域の日本語支援者や大学の研究者が行った。

3.3 教材資料

① 「母語による先行学習」の場合

「母語による学習支援」では、学年相応の国語教材文を子どもの母語に翻訳したものと、母語で作成したワークシートを使う。資料1は中学3年の教材文『蝉の声』（浅田次郎・作）という小説をポルトガル語に翻訳したものである。

" O Canto das Cigarras "
Autor: Jirou Asada

— Que barulhento! — disse o avô ao voltar ao parque, levantando os olhos para o canto das cigarras que transbordava por entre as folhas da cerejeira.

Kazuo nunca achou barulhento. Ele acha que, assim como o barulho da chuva ao bater nos beirais do telhado ou o do vento ao balançar os bambuzais, de maneira alguma os ruídos da natureza sejam irritantes ao ouvido.

— Como foi? — perguntou Kazuo pegando o braço do avô, que estava de pé apoiado na bengala, e o fez sentar. Para fazer qualquer coisa o avô sempre murmurava "Ai!" ou "Ufa!", como se fosse um trabalho enorme.

— Nao é ruim, mas é um pouco caro. Tenho que cobrir com a minha aposentadoria.

— O que faltar papai paga. Mesmo que passe do orçamento é melhor que seja um lugar bom.

— Não, isso é um incômodo! — o avô disse categoricamente rejeitando a opinião do Kazuo. Se retrucasse com um "Mas...", com certeza meu avô iria ter um ataque de cólera, por isso só restava ficar calado.

資料1 『蝉の声』ポルトガル語版（冒頭部分）

また、ワークシートには教材文を読み取るための課題が4～5問記されている。母語支援者と子どもはこれらの課題について母語でやりとりをし、最後に子どもは自分が理解できたことや考えたことをワークシートに母語で記入する（資料2）。

"O Canto das Cigarras" - Folha de Exercícios

【1ª vez】

1. ①Na sua terra natal tem cigarras? Você acha o canto das cigarras bonito?
   Acho que não tll
   ②O que o avô e o Kazuo acham do canto das cigarras?   Não. 4
   O avô acha barulhento.
   O kazuo não acha
2. "Meu avô logo iria completar 90, mas..." – lendo este parágrafo, que tipo de pessoa você acha
   que é o avô? Descreva com suas palavras o caráter do avô.
   Ele é um tipo de pessoa que não quer muito a ajuda dos outros,
   o que der pra fazer eu faço sozinho
3. ①Qual é o verdadeiro objetivo das caminhadas do avô com o Kazuo?
   Encontrar um asilo p/ o avô.
   ②Por que o avô convidou Kazuo?
   Pq o avô se sente inseguro de sair sozinho.
   ③O que o Kazuo pensa do fato de fazer companhia ao avô?
   Ele pensa que se ele deixar o avô sozinho ele ia sofrer apuros,
   por isso ele não pode deixar o avô sozinho
4. ①Após saírem do parque, sobre que assunto o avô e Kazuo conversaram?
   Sobre o exame.
   ②Aproveitando esse assunto, o que Kazuo queria fazer o avô perceber?
   Queria que o avô percebesse que ele queria estudar
   esse feriado para o exame.

資料2　ポルトガル語版の記入済みのワークシート

②「日本語による先行学習」の場合

　「日本語による学習場面」では、学年相応の国語教科書と日本語で書かれたワークシートを使う。二つの先行学習では同じ教材文を扱うが、言語的な制約を考慮し、日本語の読解課題は教材文の概要（あらすじ）を把握させる平易なものが中心である[7]。

来日から日が浅く日本語力が不十分な子ども	日本語で簡単な読み書きができる子ども
1，矢は 扇に 当たりましたか。 （はい・いいえ）	1，矢は 扇に 当たりましたか。 （はい・いいえ）
2，矢は扇のどこに当たりましたか。絵の中に描いてください。	2，矢は扇のどこに当たりましたか。 扇の（　＊語句　）に　当たった
3，扇に当たった後，矢はどうなりましたか。 （ 海に落ちた・空へ舞い上がった ）	3，扇に当たった後，矢はどうなりましたか。 （　　＊文で記述　　）

資料3　『扇の的』日本語版ワークシート例

資料３に示したように、日本語版ワークシートでは、来日まもない子どもには選択型の質問を多くして書くことの負担を減らし、その後、子どもの日本語力に応じて単語や文で答える質問を増やしていくなど出題形式も工夫されている。

4　「母語による先行学習」の実際

　国語の学習支援を行う場合、「母語による先行学習」では［①あらすじの把握］［②様子の想像］［③心情の把握］［④主題の把握］［⑤既有知識の活性化］［⑥感想の表出］［⑦文章構成や表現法の吟味］［⑧言葉の学習］という８種類の読みの活動が行われているという（朱, 2007）。以下の部分では、このうち［③心情の把握］［⑤既有知識の活性化］［⑧言葉の学習］に関わる読みの活動を取り上げ、母語支援者と子どもがどのようなやりとりをしているかを見ていく。

(1) 既有知識を活かす

　［例１］は、中学２年のＡ男（中国出身、来日３ヶ月）とＢ男（中国出身、来日５ヶ月）が「扇の的」[8]という古典教材をめぐってやりとりをしている場面である。来日して半年にも満たないＡ男とＢ男は物語に登場する平家や源氏について何の知識も持っていない。そこで、母語支援者は中国語に翻訳された「扇の的」を読ませた後、子どもたちのよく知っている『三国志』[9]を示し、両者の類似点を問いかけた。

［例１］

〈平家と三国志の類似点は？〉

1Ａ男：全都是帯兵打仗嘛。（両方とも兵を率いて戦う）

2CT：全都是帯兵打仗。（兵を率いて戦う）

3Ａ男：全都是両国対立。（両方とも対立している関係）

4CT：対，全都是両国対立，还有吗？（そう。対立している関係ね。他には？）

5CT：平氏为什么在海上？（平家はどうして海にいるの？）

6B男：因为他们与宋朝有交往。所以有船。（宋と往来があるから。だから船がある）

7B男：啊，我明白了。它们两个的共同点就是利于船的一方。周瑜有船，所以他们在船上打仗，差不多吧？（ああ！　わかった。類似点は船を持っている方に有利ということ。周瑜も船がある。だから船で戦っていた。そうでしょう？）

　母語支援者（CT）の問いかけ「平家と三国志の類似点は？」に対し、A男が早速反応し、「扇の的」に出てくる平家も『三国志』に登場する周瑜も両方とも兵を率いて戦う（1A男）、両方とも敵と対立している関係である（3A男）と答えている。

　続けて母語支援者が「平家はどうして海にいるの？」（5CT）と尋ねると、今度はB男が「平家は宋と往来がある。だから、平家も周瑜も船を持っていて、水の上の戦いが強い」という共通点に気づき、指摘する（6B男、7B男）。

　このように、母語支援者は子どもがよく知っている『三国志』の知識を活かすことで、「扇の的」の学習に動機付けをはかっていることがわかる。

(2) 場面の情景や人物の心情を想像する

　［例2］は先ほどと同じく「扇の的」について、場面の情景や人物の心情を想像しているやりとりである。本文には「那須与一は自分の射た矢が的に当たるかどうかわからなかった」とだけ書かれている。そこで母語支援者は、なぜ「当たるかどうかわからないのか」、その理由を子どもたちに質問している。

［例2］

1CT：说为什么那须的与一没有信心射中船上的扇子你们俩个谁知道？
　　（どうして那須与一は矢が的に当たるかどうかわからなかったの？）

2A男：因为有风啊。（風があるからでしょう）

3CT：风，有风所以怎么样？（風。風があればどうなるの？）

4A男：有误差。（誤差が生じる）

5CT：嗯，有误差。还有呢？（そう、誤差がある。他は？）

6B男：这是两军第一次在海上打仗，他有紧张感。（これは海での初めて
　　の戦いだから、彼は緊張している）

　母語支援者の問いかけに対し、A男は、弓を射る与一も的も船上で揺ら
いでいるという状況を思い浮かべ、「海の上だから、風がある。だからど
んなに狙いを定めても誤差が生じる」ことを推測している（2A男、4A男）。
一方、B男はその理由を与一の心情に求め、「海での初めての戦いだから、
緊張している」ことを想像している。

(3) 抽象語彙の意味を文脈に即してとらえる

　中学3年の教材文『故郷』（魯迅・作）では、小説の最後に以下に示す
ような箇所がある。

　我希望他們不再像我，又大家隔膜起来…然而我又不願意他們因為要
一気，都如我的 辛苦展転 而生活，也不願意他們都如閏土的 辛苦麻木
而生活，也不願意都如別人的 辛苦恣睢 而生活。他們応該有新的生活，
為我們所未経生活過的。

　（せめて彼らだけは、私と違って、互いに隔絶することのないように…とはいっ
ても、彼らが一つ心でいたいがために、私のように、無駄の積み重ねで魂をすり減
らす生活を共にすることも願わない。また、ルントウのように、打ちひしがれて心
が麻痺する生活を共にすることも願わない。また、他の人のように、やけを起こし
て野放図に走る生活を共にすることも願わない。希望をいえば、彼らは新しい生活
をもたなくてはならない。私達の経験しなかった新しい生活を。）

資料4　『故郷』の最後の部分

　母語支援者は、ここから「辛苦展転」「辛苦麻木」「辛苦恣睢」という三
つの言葉を取り上げ、それぞれの意味を子どもたちに質問した。このうち
三つ目の言葉「辛苦恣睢」は、日本語では「やけを起こして野放図に走る
生活」と訳されている[10]。

この日の支援記録によれば、C子（中国出身、来日7ヶ月）は「"辛苦恣睢"はヤンおばさんのことを指している。作品に登場するヤンおばさんの辛辣な性格のことだと思う」と自信満々に述べたとある。ヤンおばさんは昔は豆腐屋の看板娘だったが、社会が変わり生活が厳しくなる中、20年後の今はきつい口調で皮肉を言い、平然と盗みまでしでかす人物に変わってしまっていた。そんなヤンおばさんの変化を、A子は「辛苦恣睢」という四字熟語と結びつけてとらえていた。この点においてA子は、辞書的な意味ではなく、その言葉が文脈の中でどのように用いられているのかを読み取っているといえよう。

　以上、「母語による先行学習」では、子どもたちが持っている既有知識に関連づけることで教材文への興味を喚起しつつ、母語で深く豊かなやりとりをしながら学年相応レベルの学習活動が展開されているといえる。

5　「日本語による先行学習」の実際

　「日本語による先行学習」の場面では、［①あらすじの把握・人物の行動］［②様子の想像］［③心情の把握］［④主題の把握］［⑤要旨の把握］［⑥感想の表出］［⑦語句の意味の理解］という読みの活動が展開されている（清田, 2007, 2008）。本章ではこのうち［⑦語句の意味の理解］［①あらすじの把握・人物の行動］［④主題の把握］を取り上げ、子どもと支援者が実際にどんなやりとりをしているかを見ていく

　以下に示す三つの例はいずれも『地雷と聖火』（クリス・ムーン著）という教材文をめぐるやりとりである。筆者のクリス・ムーンは地雷で右手右足を失いながらオリンピックの聖火ランナーを務め、世界に平和を訴えようとしている。参加生徒は中学3年の女子2名で、台湾出身のD子（来日5ヶ月）と、中国出身のE子（来日8ヶ月）である。支援開始当時、D子は自分から日本語を話すことは少なく、在籍学級の国語の授業に参加したことは一度もなかった。一方、E子は外向的で日本語でのやりとりにも積極的であった。

（1）語句の意味を理解する

　次に示す例は、「撤去活動中」という言葉の意味について確認している場面である。

［例3］

> 1JT：「撤去活動中」っていうのは、地雷をどうしようとしているの？
> 2E子：いらない。
> 3JT：いらない。「いらない」ってどういうこと？
> 4D子：掃除の感じ。
> 5JT：あ、ああ！　　地雷を掃除する！
> 6E子：頭いい！

　日本語支援者の問いかけに対し（1JT）、E子は「いらない」と答えた（2E子）。「いらない」とはどういうことか、支援者がさらに追求すると（3JT）、今度はD子が「掃除の感じ」と述べた（4D子）。子どもたちの生活になじみの深い「掃除」という言葉で「撤去」を言い換えたD子の説明に対し、支援者は「ああ！」と納得を示し、E子は「頭いい！」と賛辞を送っている（6E子）。

（2）人物の行動をとらえる

　［例4］は、筆者のクリス・ムーンが何をしているのか、その行動を読み取るやりとりである。

［例4］

> 1JT：クリス・ムーンさんは何をしているの？
> 2E子：「場内を回り始めた」。（該当部分を音読する）
> 3JT：「場内」ってどこ？
> 4D子：あの、スタジアム。
> 5JT：おお！
> 6CT：強力なチームワークですね。

日本語支援者の問いを受け、E子は「場内を回り始めた」と該当する情報を本文から探しだし、そのまま声に出して読みあげる（2E子）。そこで「場内」がどこを表すのか、支援者がさらに追求すると（3JT）、今度はD子が「スタジアム」という情報を提供している（4D子）。一連のやりとりからはD子とE子が助け合って不十分な答えを補い合うことで、より確実な理解に至っていることがわかる。

（3）主題を把握する

　次のやりとりは主題の把握に関わるもので、筆者のクリス・ムーンがなぜ地雷の撤去活動を行っているのかを問うものである。

［例5］

> 1JT：クリス・ムーンさんはなぜ地雷を撤去する活動をしているの？
> 2E子：「地雷は人に災害をもたらせる」から。
> 3JT：人に災害をもたらすから。おお、なるほど。他に？
> 4E子：「平和をほしい」です。あと、「あきらめたら負けだ」。
> 5JT：ああ。D子さんは？
> 6D子：そんな悪いの世界は負けない。

　日本語支援者（JT）の問いかけに対し、E子は「地雷は人に災害をもたらす」「平和がほしい」「あきらめたら負けだ」と、本文中の表現を使って筆者（クリス・ムーン）の考えを次々と指摘していく（2E子、4E子）。一方、D子は支援者に促されて「そんな悪いの世界は負けない」と述べた（6D子）。D子のこの発話は、本文からの引用ではなく、文章に描かれた筆者（クリス・ムーン）の地雷撤去に向けた行動を彼女自身の言葉で表現したものである。「の」の使い方に文法上のエラーはあるにせよ、この発言はD子が読み取った筆者の信念を、自分が使える精一杯の日本語で表していると把握される。

　このような学習支援を受けた後、D子が来日して初めて在籍学級の国語の授業に参加したときの様子を示す。資料5は、D子の入り込み支援を

行った母語支援者が書いた支援記録の一部である。

> 「初めての在籍学級の授業への参加」
>
> 　D子は初めて在籍クラスの国語の授業に出ました。授業に出る前に
> D子は不安がありました。支援者はD子の隣に座りました。最初は、
> 国語の先生が教材文とは別の内容を説明しましたが、D子はほとんど
> わからなかったのです。つらそうでした。しかし、『地雷と聖火』の内
> 容になると、「わかる！」という反応をしました。授業中、先生の質問
> に答えられるような場面がありました。しかし、手をあげて答える勇
> 気はなかった。二人とも国語の授業の一部がわかり、授業に参加した
> 実感を得たと思いました。

資料5　在籍学級でのD子の様子（支援記録より）

　資料5には、「教材文とは別の内容」には殆ど反応できなかったD子が、
国際教室で母語と日本語で学習した『地雷と聖火』に対しては「わか
る！」という反応を示したことが記されている。ここには、先行学習で得
た情報が教材文に対してスキーマを形成し、それによって在籍学級の先生
の質問にも答えられるほどの理解をD子が得ている様子がうかがえる。

　本章の最後に、母語を活用した学習支援を受けた子どもたちの反応を示
す。これは、メキシコ出身の女子生徒が中学校の卒業を祝う会で行ったス
ピーチの一部である。

　　　教材文の翻訳文を見て、全部スペイン語でびっくりしました。こ
　　れまで簡単な日本語でいろんな先生が内容を教えてくれました。そ
　　れも良かったけれど、スペイン語の訳文を読んで、自分は初めて本
　　当のことを知ることができました。

　カミンズ（2006）は「学習者は、本当の理解に至る学習機会が与えられ
なければならない。知識というものは単なる記憶力以上のものであり、一
つの文脈から他の文脈にまたがった知識に転換するためには、より深いレ

ベルの理解が必要とされる」と述べているが、上に示したスピーチからは、母語で学ぶ過程を経ることで、子どもは「本当のこと」、すなわち、深い理解にたどり着けたことを実感している様子が読み取れよう。

6 まとめと今後の課題

「教科・母語・日本語相互育成学習モデル」に基づく国語の学習支援では、子どもが既有能力として持つ母語を活用することで、国語教材文という言語材料をまるごと学習対象とするという特性を持つ（野々口, 2017）。そして、そのまるごとの言語材料を対象に「思考と言語の相互交渉」（岡崎, 2010：24）が活発化することで内容理解が進み、学習に必要な日本語力を育て、学習に関わって母語を使用する場を確保することが可能となる（清田, 2007; 朱, 2007など）。

またこのモデルは、支援に参加する子どもや、子どもの周りにいる人々の意識も変えていく（野々口, 2017）。まず、母語の活用により、子ども自身の言語観と学習観が変容したことが指摘されている（佐藤, 2012）。日本語力の不足から国語の学習に参加する資格がないと考えていた子どもが、教材文の面白さに気づき、在籍学級の授業がわかるようになり、母語と日本語は両方とも学ばなければならないものであると考えるようになったという。そして、子どもが母語を媒介に能力を発揮し伸長させる姿は、子どもの既有能力や多面性への気づきなど、学校教員や支援者の意識変容も促す（高梨, 2012; 宇津木, 2007）。

今後の課題としては、第一に、母語を活用した学習支援を安定的に継続するために母語支援者を育てていく必要がある。文部科学省の設置した有識者会議の報告（2016）では、「母語支援員の育成」や、特に小学校高学年以降に来日した子どもに対しては「母語を介した教科指導や、翻訳版の教材の活用等」が提言されているが、その活動を担う母語支援者をどう育てるかは重要な課題である。特に母語支援者が少ない地域では、ICTを活用した遠隔型支援など支援形態の工夫も必要である。

第二の課題として、学校との協働体制作りがある。母語支援者の確保に

加え、母語翻訳文や母語版ワークシートの作成など、母語を活用した学習支援は学校内のリソースだけで展開することは難しい。そのため、学校・地域・大学が手を携えていくためにはどのようなネットワークを築けばよいのか、その知恵ややり方を学校や地域を越えて共有することも求められている。

注

1) 本稿では、社会の主流言語（日本では日本語）以外を母語とする子どもを「言語少数派の子ども」と称する。そして、小学校や中学校の学齢期に親に連れられて来日し、日本語の習得を始めた子どもを対象に論じていく。

2) この他、国際結婚家庭の子どもなど「日本語指導が必要な日本国籍の児童生徒」は10,274人に上る（文部科学省、2019a）。また、学校に通っていない「不就学」の子どもも約2万人いるとされる（「外国人の子供の就学状況等調査結果（速報）」文部科学省、2019b）。

3)「二言語相互依存の原則」は、「学校や周囲の環境の中で言語（X）に接触する機会が十分にあり、またその言語（X）を学習する動機付けが十分である場合、児童・生徒が別の言語（Y）を媒体として授業を受けてきて伸びた言語（Y）の力は言語（X）に移行（transfer）し得る」と定義される。（Cummins, 1991：166; 中島, 1998 日本語訳）

4) Cummins（1984）によれば、第一言語と第二言語は表層面ではそれぞれ音声構造や文法構造、表記法が異なる別の言葉であるが、認知や学力と関係が深い深層面では共有基底（共有面）があり、相互に影響し合い転移が起こるという。

5) 在籍学級を離れて、別の教室で個別に学習を支援する方法。

6) 在籍学級の授業を受ける際、支援者が教室に入り込み、子どものそばで学習を支援する方法。

7)「母語による先行学習」では子どもにとって強い方の言語を使うことができるため、母語版ワークシートの課題は学年相応の高度なレベルで設定されている。

8)「扇の的」は源平の戦いを描いた『平家物語』の一節である。あらすじを述べると、1185年、屋島の戦いで、平家は船の上に扇を立てて「この扇を射てみよ」と挑発する。すると、源氏方の弓の名手である那須与一が扇を射ち落とし、その見事な腕前に両軍とも感嘆したという話である。

9)『三国志』は、西暦200年頃、中国が魏・呉・蜀の三つの国に分裂して戦っていた時代の歴史書である。

10) 竹内好の翻訳による。

学習のヒント

- ・「習得が難しい学習言語を理解可能なものにする」(p57) ためには、どのような方策がありますか。また、それぞれの方策の具体例を考えてみましょう。
- ・「母語による先行学習」(第4章) と「日本語による先行学習」(第5章) を比較し、同じ教材文を扱っていても読みの活動や読解レベルがどのように異なるのか考えてみましょう。
- ・「教科・母語・日本語相互育成学習モデル」を、社会科や理科など国語以外の教科学習で展開する場合の授業案を作成してみましょう。(子どもの属性や単元の設定は自由)。その際、どのような内容を母語で教え、どの点は日本語でも扱うのかを考えて作ってみましょう。

参照文献

池上摩希子・末永サンドラ輝美 (2009)「群馬県太田市における外国人児童生徒に対する日本語教育の現状と課題——『バイリンガル教員』の役割と母語による支援を考える」『早稲田日本語教育学』第4号, 15-27.

宇津木奈美子 (2007)「子どもの母語を活用した学習支援における母語支援者の意識変容のプロセス」『人間文化創成科学論叢』10, pp.85-94.

岡崎敏雄 (1997)「教科・母語・日本語相互育成学習のねらい」『平成8年度外国人児童生徒指導資料』茨城県教育庁指導課

岡崎眸 (2005)「年少者日本語教育の問題」『共生時代を生きる日本語教育』凡人社, pp.165-179.

岡崎眸 (2010)「『子どもの実質的授業参加』を実現する年少者日本語教育——2つのアプローチによる検討」『社会言語科学』13(1), pp.19-34, 社会言語学会

カミンズ, ジム (2006)(中島和子・湯川笑子訳)「学校における言語の多様性——すべての児童生徒が学校で成功するための支援」名古屋外国語大学講演資料〈www.mhb.jp/mhb_files/Cumminshanout.doc〉

清田淳子 (2007)『母語を活用した内容重視の教科学習支援方法の構築に向けて』ひつじ書房

清田淳子 (2008)「言語少数派生徒同士の学び合いを活かした学習支援の可能性の探求」『母語を活用した教科学習の過程と結果の分析——日本語を母語としない児童生徒の場合』平成17〜19年度科学研究費補助金萌芽研究研究成果報告書, pp.131-157.

清田淳子編著 (2016)『外国から来た子どもの学びを支える——公立学校における母語

を活用した学習支援の可能性』文理閣

佐藤真紀（2012）「学校環境における『教科・母語・日本語相互育成学習』の可能性——言語少数派の子どもの言語観・学習観から」『お茶の水女子大学人文科学研究』8, pp.183-197.

朱桂栄（2007）『新しい日本語教育の視点　子どもの母語を考える』鳳書房

高梨宏子（2012）「外国人生徒への学習支援に対する教員の意識変容——生徒の母語を用いた学習支援に対するPAC分析調査」『人間文化創成科学論叢』15, pp.231-239.

中島和子（1998）『バイリンガル教育の方法——12歳までに親と教師ができること』アルク

野々口ちとせ（2017）「外国につながる子どもたちの中学校国語科教育——教科指導と日本語指導の統合を図る3つのアプローチの概観」『城西国際大学大学院紀要』21号, pp.39-49.

原瑞穂（2005）「母国史（韓国史）学習と関連づけた日本史学習の可能性——『教科・母語・日本語相互育成学習モデル』の試みから」『共生時代を生きる日本語教育——言語学博士上野田鶴子先生古希記念論集』凡人社, pp.150-164.

光元聰江・岡本淑明（2006）『外国人・特別支援 児童・生徒を教えるためのリライト教材』ふくろう出版

文部科学省（2003）「『学校教育におけるJSLカリキュラムの開発について（最終報告）』小学校編の公表について」〈http://www.mext.go.jp/b_menu/houdou〉

文部科学省（2016）「学校における外国人児童生徒等に対する教育支援の充実方策について」〈http://www.mext.go.jp/b_menu/houdou/28/06/1373387.htm〉

文部科学省（2019a）「日本語指導が必要な児童生徒の受入状況等に関する調査（平成30年度）の結果について」〈http://www.mext.go.jp/b_menu/houdou/31/09/1421569.htm〉

文部科学省（2019b）「外国人の子供の就学状況等調査結果（速報）」〈https://www.mext.go.jp/result_js.htm?q=外国人の子供の就学状況等調査結果（速報）%E3%80%80#resultstop〉

Cummins, J.（1984）*Bilingualism and special education*. Clevedon: Multilingual matters.

Cummins, J.（1991）Language Development and Academic Learning. Malave, L. & Duquette, G.（ed.）*Language. Culture and Cognition*. Clevedon: Multilingual Matters. 161-175.

Krashen, S. D.（1982）*Principles and practice in second language acquisition*. Oxford: Peragmon.

視覚的言語自伝に見る移民 1.5 世の複言語主義

被支援者から支援者への道のり

オチャンテ・村井・ロサ・メルセデス

大山万容

要　旨

　筆頭著者は自分自身が移民 1.5 世であり、日本では教育の被支援者として生活を始め、やがて自分自身が支援者となり、教員への支援アドバイザーをするようになった。現在、大学教員として教鞭をとるのに加え、日常的に学校の教師や、学校外の移民支援団体とも協働して、移民の子どもや家庭へ学習支援を行っている。この意味で、多言語化する学校の中で複数の主要な役割を一身に担ってきたと言える。

　本稿では、序論で述べた複言語主義の考え方をもとに、「移民の複言語主義」すなわち、「本人がどのような言語・文化的経験を持ち、どのような言語・文化と関わりながら生きているか」という観点から、筆頭著者の来歴を分析する。そして視覚的言語自伝という方法を用いて、複言語話者である移民がどのようにして複言語・異文化間教育を実践するようになったかを明らかにし、個人の複言語主義がなぜ社会にとって価値を持つのかを論じる。さらに視覚的言語自伝が、自己省察や職業訓練を支えるツールとして意義を持つことを示す。

キーワード

視覚的言語自伝、移民の複言語主義、教育支援、移民の子ども

1　はじめに

　移民自身の複言語主義を知るのは容易ではない。これに関しては、外部の視点から得られた情報の方が、内部の視点から得られた情報よりも多く流通する。例えば日本の移民について、言語教育を論じるときに最もよく引用されるのは文科省の「日本語指導が必要な児童生徒の受入状況等に関する調査）」である（文部科学省, 2020）。しかしバイリンガルが実際にどの言語を使用するかを、大規模調査から知ることは容易ではないことが知られている（Grosjean, 2010）。母語は一つであるとは限らず、また「相補性の原理」（グロジャン, 2018）によって示されてきたように、バイリンガルはふつう、生活領域によって支配的言語が異なるため、単純な質問からは全体を把握しにくいためである。日本の学校に来る移民の児童・生徒について、上述の文科省のデータからは移民の母語についての傾向を知ることはできるが、移民の複言語主義は定義からして個々人によって大きく異なるものであり、しかも時間や環境とともに変遷するため、その言語使用の全体像を知ることはできない。それを知るには、その人自身の個人史を詳しく知ろうとするしかない。

　移民の複言語主義を詳しく研究するための方法には、様々なものがある。その一つが、視覚的言語自伝（visual linguistic autobiography）である。視覚的言語自伝は、地政学的、また社会的な構造の中で、グローバリゼーションと関係を持つ複言語話者についての理解を深めるために利用できるツールである。

　言語自伝の概念は、「ヨーロッパ言語ポートフォリオ」をきっかけに2000 年代にヨーロッパで広がって以来、これを用いて様々な研究が積み重ねられてきた（Perregaux, 2002; Little, 2009; Simon & Thamin, 2009）。これに視覚的な要素を加えたものが視覚的言語自伝である。言語教育学の中で、視覚的言語自伝の方法は、社会学や文化人類学、教育学、臨床心理学など複数の領域の研究方法を取り入れながら定着してきた（Molinié, 2019）。教師や教育学者、社会言語学者が、複言語教育のために何ができるかを考えるためだけでなく、複言語話者の経験する様々な移動性（すなわち、物理

的な移動だけではなく、ヴァーチャルな移動、日常的な言語使用から学術的言語へと至る認知的な移動など）を理解するために、広く用いられている。

　先駆者のひとりであるMoliniéはこれを次のように説明している。

　　　ある人（中略）が他人に対して、（中略）自分に関する何か、すなわち、世界の中での自分の居場所や、世界の言語との関係、文化的空間の横断性、他者性、移動性との関係、自分史、こうした異なる言語や文化の複数性や断絶、自分のアイデンティティ、学習などを表現するために、絵を描いて表現すること　　　　　（Molinié, 2009：10）

　このように視覚的言語自伝とは、自分自身の言語との関係、言語規範、他者性を振り返るために、記憶をもとに、言語を含む様々な記号を用いて、自分史の再構築に取り組むことを指す。

2　著者の視覚的言語自伝

　筆頭著者のオチャンテともうひとりの著者である大山とは、2015年に別の支援者を通して知り合い、それ以来互いに研究の協力関係を築いてきた。また学校や大学での複言語・異文化間教育実践を通じて、教育目標の意義を共有している。この関係性を受けて、本研究では、次のような手順で筆頭著者の視覚的言語自伝を作成し、分析を行った。

(1)　大山が自身の視覚的言語自伝を紹介したあと、オチャンテが視覚的言語自伝を描く
(2)　言語履歴の視覚的マッピングをもとに、オチャンテが大山に回顧的説明を行う
(3)　複数回の対話的な面談を持ち、互いの解釈を述べつつ、共同で執筆する

最初の面談で、大山が自分の視覚的言語的自伝を一つの事例として見せ、

要点の説明を行った。これは「自分の言語教師としてのアイデンティティに影響を与えた出来事」を中心に5分程度で作成したものである。モノリンガル育ちであるが、小学校から音楽教育を通して外国語に親しんだこと、また中学から本格的に英語を学ぶにあたり、学習のためにやはり音楽とのつながりが重要だったこと、さらに大学で複数の外国語を学んだこと、卒業後に初めて長期的に滞在した外国であるメキシコで、異言語空間で部分的能力を駆使してコミュニケーションのために複言語を用いた経験をしたこと、それを通して日本の外国語教育に支配的なイデオロギーに強い違和感を持ったこと、のちに複言語主義の研究をするようになり、その違和感をどのように言語化すればよいかが見えてきた、というストーリーを話した。このすぐあとにオチャンテが視覚的言語自伝を描き、これはMI MAPA（スペイン語で「私の地図」）と名付けられた。図1はそれを複製したものである。

　この自伝は場面の一つ一つがゆるやかな線で結ばれており、図の下部から時系列に沿って上昇し、上昇しきると左から右下へと進んでいく。図上で①〜⑧に示した順に、オチャンテは大山に対して、次のように自分史の回顧的説明を行った。ここでは、著者のオチャンテを、ファーストネームでロサと記して説明する。

①子ども時代：大きな家族、たくさんの人

　これはロサの子ども時代である。二つ描かれている家はリマにある両親それぞれの実家で、どちらとも近所であったため、しょっちゅう交流があった。家にはQuechuaとEspañolと書かれている。ロサの二人の祖母はいずれもアンデス出身で、ケチュア語を母語としていた。しかしリマに出て結婚し、家庭を持つと、リマではケチュア語は共通語ではなく、また学校でも教えられていないため、家ではスペイン語のみを話すようになった。でも「私には（ケチュア語は）わからないけど、（祖母は）近所の人と交流したりするときにはケチュア語を使っていた」。片方の実家はPanaderia、パン屋さんを経営していた。そこでおいしいパンをもらったり、ケーキをもらったりしていた。家の中にはたくさんの人が描かれている。

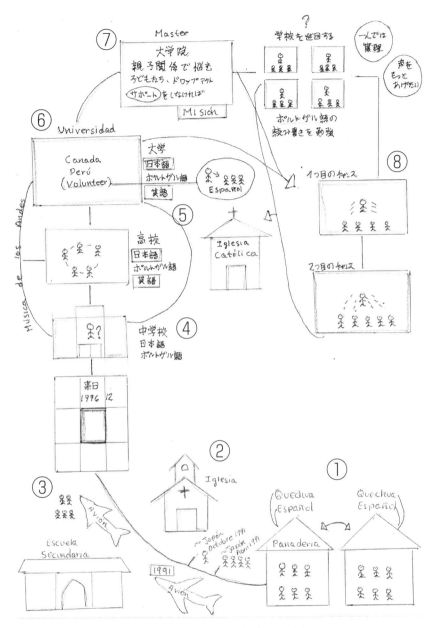

図1　オチャンテによる視覚的言語自伝

家族みんなが近くにいて大勢で集まることが多く、おじさん、おばさんが家によく来ている。こんなふうに、ロサが育ったのは常にたくさんの人と交流しているような家庭だった。

②両親が日本へ

　80年代からテロが拡大して治安が悪化し、内戦状態に陥ったペルーでは激しいハイパーインフレに見舞われ、経済が落ち込み、ペルー人の国外移民が始まる。「アメリカン・ドリームを夢見て」アメリカに移住したり、スペインやフランスなどを選ぶ人たちもいた。そのようなとき、「日本にルーツがある人は日本に行きやすくなる」という広告が新聞などに載るようになり、ロサの両親は「軽い気持ちで、永住などを視野に入れていたわけではなく、数年働いてみようかという気持ちで」日本行きを考えるようになる。まずは父だけ行ってみようとしたが、父は日系ではないのでビザが下りない。そこで最初は日系人である母と、その妹二人とが日本へ行くことになった。母が91年4月（abril 1991）、10月（octubre 1991）に父が日本（Japón）へ飛行機（Avion）に乗って行ってしまった。ロサは兄と共にリマの一軒家に暮らし続けたが、両親が日本へ行ったことで、大家族から、急に小家族へと転じた（母親は半年ごとにペルーと日本を往復していたが、父親は5年間に1度しか帰国しなかった）。両親との別離、さらに「人が減った」ことがロサにはショックだった。また祖父母にとっても、それぞれの第一子が「遠くへ行ってしまった」ことで、とても寂しく思っていたことが、今でも強く印象に残っている。移住する人と残された人たちの悲しみについて、ロサには「移民をするということは、心が真二つに破られるような気がする」。一度これほど離れてしまうと、家族との生活は二つに分かれてしまい、再会できたとしても「元の一緒だった生活には戻れない」。

　ロサが通っていた中学校（Escuela secundaria）は大規模校で、「広いところだった」。それに進学校でもあり、周りには大学進学を考える人がたくさんいて、ロサも同じように、中学の頃から既に大学進学を考えていた。「私の地図」の中で、中学校の反対側には教会（Iglesia）が見える。両親

も通っていた教会に、兄はもう行かなくなったが、ロサはひとりで通った。これが心の支えになった。

③自分の「来日」──イメージのギャップ

　もう一度、飛行機（Avion）が登場する。両親の日本での生活が落ち着いたので、子どもたちを呼び寄せることになったのだ。5年間の別離を経て、やっと一家で一緒に生活できることになった。そこで初めてロサの自伝に日本語が登場する（「来日」1996.12.）。

　ここに描かれているのは大きな集合住宅の中の、小さな箱のような家である。ペルーの実家とは異なり、家の中ではなく、集合住宅の外に小さく人が密集している様子が描かれている。日本での生活はそれまで想像していたものと大きく違っていた。日本は「リッチな国」だと思っていたのだが、まず家が狭い。「すごく狭いところに、みんなが集まっていないといけない」ことがショックだった。ペルーでは広い家に住み、家族がそれぞれ個室を持っていた。それが当たり前だと思っていた。日本に働きに行った父からはペルーへ送金があったし、祖父母のパン屋さんではパンももらえるし、とても裕福というわけではないが、不自由を感じない、余裕のある暮らしを送っていた。両親もまた、自分がどんな仕事をしているか、どんな生活なのかということを、子どもに話して聞かせることはなかった。

　しかし、日本へ来ると、いろんな意味で「節約もしないとならなく」なった。電気代を意識したり、毎月貯金をするために生活を切り詰めたりする。両親と離れているときは意識もしないことだった。こうして日本に来て初めてロサは「両親が、一つ一つ貯金するのに苦労していたんだな」ということ、そして「両親は辛いことを私に言わなかったんだ」ということにも気が付いた。

④当惑と不安、高校進学

　別の箱の中、たったひとりでいる人物の横に、大きく「？」が付いている。これは日本の中学3年生に編入したロサ自身が「何をしたらいいのかわからない」姿である。ペルーの中学校は、中学が5年生までである。ロサ

はペルーでは中学 4 年生だったが、来日すると、「公立中学 3 年生の 3 学期」に編入することになった。つまり入学したとたんに、みんな卒業する。ほとんどの人が高校へ進学するが、公立中学であるから、高校受験しないといけない。ロサも両親も、日本の教育のことを十分に理解しておらず、またわかりやすく説明してもらうという経験も持たなかった。「なんでこんな歳で学校を卒業しないといけないのか？」、当然ながらロサはそれを疑問に思い、状況に戸惑ったが、ロサ自身は日本での新しい生活に慣れることに必死で、それを落ち着いて考えたり、改めて誰かに相談したりする「余裕もなかった」。中学校では日本語の勉強をしていたが、それが終われば次の高校に行けるかどうかもわからず、「不安だった」。

中学校では、一日中、就学言語である日本語を勉強するのがメインだった。ここで初めて「日本語」とならんで「ポルトガル語」が登場する。日本の教室にはブラジルから来た移民の同級生がいたためである。ロサがポルトガル語に触れたのはこれが初めてだった。同級生が周りの人とポルトガル語で交流するのを間近に見ていて、自分には読み書きはできないけど、「かっこいいな」と思った。スペイン語とポルトガル語の類似性にも気づき、スペイン語の単語をどのように変化させたらポルトガル語になるか、ということを観察したり、推測したりして[1]、面白いと思った。

どの高校に行くか、進学できるのかどうか、家族も自分もよくわからなかった。親としては娘が全日制の高校に進むことを希望していた。しかし来日して間もない生徒には、いきなり全日制の高校に進学できたとしても、実際問題として学習についていくことは難しい。そんな中、移民の家族の支援者で、スペイン語のできる知人（あとでわかったが、「伊賀日本語の会」の代表者だった）が、ロサの父に、ロサを定時制高校へ進学させるよう勧めた。定時制高校には昼間はアルバイトしながら夜に学校に通う人が多いと知って、父親は最初、「まだ 15 歳だし、夜間に学校なんて考えられない」と、反対していた。しかしその支援者は「今のロサの日本語力では全日制への入学は難しいので、定時制高校に行かせた方が絶対にいい」と父を説得していた。ロサはその場面をよく覚えている。

ロサ本人は、中学のときの友だちも定時制高校へ行くと知り、自分も彼

女と一緒にいられるので、強い反対の気持ちはなかった。ペルーにいたときはいろいろ将来について考えていたが、ともかく日本で提示された選択肢はこれだけだった。だから「定時制高校でいいかな」と、進学した。

⑤高校時代——日本人とつながる、音楽、家族関係の再構築

「高校」の中には複数の人が描かれている。高校ではロサは「いろんな人と仲良くするようになった」。日本語をメインに使うようになり、「日本語」という文字がハイライトされている。ここで英語にも少しハイライトが付く。日本に来たら、ロサの見かけが異国風だからという理由で、「『外国人だから英語できて当たり前』みたいな雰囲気があった」。しかし実際には「私は英語そんなに好きじゃないし得意でもない。中学のときもそんなに好きじゃなかった」。しかしロサはやがて、同じ学校の他の生徒にくらべると、自分は英語ができる方かもしれない、と気が付き始める。「英語の勉強をがんばったら、トップじゃなくても、点数を稼げるんじゃないかな？」そう思って取り組み始めた。父が教材を買ってきてくれて、それで自分で勉強するようになった。力を入れてみたら、単語も理解できるようになり、英語が問題なくできるようになっていった。

高校の右隣には、彼女の学校生活に寄り添うように、カトリック教会（Iglesia catolica）が描かれている。教会はやはりロサの心の支えだった。

高校の図の左側にMúsica de los Andesとある。ロサは父やその仲間たちと一緒に、アンデスの音楽のバンド活動をするようになった。ロサに定時制高校を勧めた支援者がそのバンドのメンバーのひとりでもあり、その人が窓口となってくれて、日本人にペルーの音楽を伝えたり、学校に異文化紹介に回るといったことを定期的に行うようになっていった。この活動をしていると、教育機関から「学校での人権教育に来てほしい」といった声がかかるようになる。

このときの体験は重要だった。「ここ（日本）では日本語がわからないぶん、不安もあるし、どうしても（自分は他の人たちより）『下にいる』という感じだった」。しかし自国の文化紹介だと「自分たちが教える立場に」なる。これは日本でのこれまでの経験とは全く異なるものだった。「自分

が思っていることをみんなに紹介したら、相手もそれを受け入れてくれる」そしてそれを通して、「日本人をもっと身近に感じることもできるようになった」。このようにして父と仲間たちと文化交流を通して、学校以外の日本人ともつながりを持つことができるようになっていった。

　父親とはほぼ5年間の別離があり、これはロサの家族関係に断絶をもたらしていた。父親にとって、「ペルーに残してきた10歳の娘」と、現在の15歳のロサとは大きく異なる存在で、ロサにとってもまた、「時々電話をくれて、日本からプレゼントを送ってくれたりする優しいお父さん」と、同じ家に住んで生活や勉強にいちいち口出ししてくる父との間にはギャップがあった。父娘の関係性には距離ができてしまっていた。しかしこうして音楽活動を一緒にすることによって、「お互いを改めて知る」ことができ、それが関係性を再構築することにつながった。

⑥大学進学──被支援者から支援者へ

　図の右側に、日本語で「大学」とあるが、同時に建物の図の上にはUniversidadとスペイン語で書かれている。それまで義務教育の一つとして制度の中に放り込まれていたのとは異なり、大学は、日本の学校制度であるだけでなく、彼女が中学時代から（母語であるスペイン語で）考えていた最高学府と一致しているのかもしれない。大学では心理学を専攻した。

　大学の隣に描かれた円の中には複数の人がおり、スペイン語（Español）を話している。ロサは大学に入学して間もなく「NGO大阪ラテンアメリカの会」と知り合い、そこでペルー（Perú）の貧困地区の子どもたちに日本の算数ドリルをスペイン語に翻訳して送るなどのボランティア活動を始めた。さらにこの活動の一環で、支援のために2週間、スペイン語通訳として、ペルーを訪れた（これはロサにとって初めての「帰国」となる）。日本の絵本をスペイン語に翻訳し、それをペルーのリマ市の郊外の学校に配布した。ロサ自身はリマ出身で、来日前に郊外の貧困地帯には行ったこともなかった。しかしもうペルーを離れた15歳ではなく、大学生なので、「自分がペルーに対して何かできるんじゃないかな」という期待と、若干の自負とがあった。

高校までは、ロサは自分が日本語の支援を受けてきた。けれども大学では自分がスペイン語で支援をすることができる。ここでロサは、「（複数の）言葉ができるということは、私が誰かの助けになれるということだ」と、はっきり意識するようになる。

　大学2年のとき、「Canada」のトロントへ行く。ロサの大学はカトリック系で、3年に一回開かれるカトリックの世界青年の日（World Youth Day）という国際イベントに、大学の代表として選ばれたのだ。ロサは日本の代表団約100人の青年のひとりだった。ロサの育ったペルーではキリスト教は国民的宗教であり、キリスト教の信仰を持つことはいわば当たり前で、特筆すべきことではなかった。けれども日本ではキリスト教徒はマイノリティである。わざわざ教会に行かなければ、他の信者に会うこともなく、しかも日本の教会は高齢化しているため、教会へ行っても同世代に会うこと自体が少ない。しかしこのイベントで約100人もの日本の青年と集まり、また世界中のカトリック信者とも交流することで、改めてこれだけ大きな集団であったことを認識し、その人たちと自分はつながっているということを再認識した。日本では自分の宗教はマイノリティであったが、世界では決してマイノリティではない。

　このイベントで、当時の教皇ヨハネ・パウロ二世と交流する機会があった。教皇が集まっていた青年たちに述べたメッセージはロサの心をとらえた。それは「あなたがたは地の塩、世の光である」という聖書にあるメッセージだった。塩（スペイン語でsal）は食べ物に味をつけるもの、光は暗闇の中に留まるものではなく、他のものを照らすべきものである。ロサには「塩のように自分なりの味を出し、風味（スペイン語でsabor）を出したい」と思えた。「地の塩」は、ただの「塩味」ではなく、みんなのいる場所で自分の味を出し、その空間を盛り上げるものとして理解されたのである。自分は日本において、外国人というマイノリティであり、また宗教的マイノリティでもあるが、周りにいる人たちに、自分なりの味で「風味」をもたらしたい。また時には、他人に対して希望を与えられるような「光」にもなりたいと、強く思えた。日本での人生において自分の役割に気づくきっかけ、これがその後の使命感（Misión）につながっている。

大学3年生になると、伊賀市内の中学校から依頼され、移民の子どもたちに関わるようになる。スペイン語で通訳するだけではなく、移民の子どもたちと様々な形で交流した。そこで移民家族が直面する、親子関係の問題やアイデンティティの問題、いじめや差別を受ける状況について、様々なケースを知るようになる。来日当初、ロサ自身も日本での新たな生活への適応や、再会した両親と新たな環境で暮らすことに戸惑い、父とぶつかるときもあったが、音楽活動や、教会での活動を通して問題を克服し、両親と離れていた5年のブランクを新たな経験で埋めることができた。大人として、また移住してきた先輩のひとりとして、他の移民の子どもたちが持つ悩みを知るにつれ、「もっと調べたい。もっと勉強したい」という強い気持ちを持つようになった。これが、大学院進学の決意へとつながった。

　興味深いことに、大学からは、それまで学校の隣に大きく描かれてきた教会そのものの絵が見えなくなる。ロサは教会でも支援をしていたので、支援の関わりの中から矢印の先が教会に向かっているが、新たに描かれることはなくなっている。この変化には、後述するが、ロサの周りのすべてが関わっている。

⑦大学院進学

　ここではMaster（修士課程）と書かれた下に「大学院」とあり、その下に「Misión」とはっきり書かれている。「自分自身も移民して、異言語・異文化間で悩み、辛い思いもしたが、いろんな人と関わることで、ドロップアウトもすることもなく、ここまで来られた。今度は私が人を助けたい」。これが自分の使命である、という、ロサの強い意志が表れている。

　大学時代のボランティアの経験を経て、大学院では三重県の巡回相談員として支援に関わるようになった。「親子関係」で悩む人も様々おり、「ドロップアウト」する子もいる。「リポートしなければ」と強く思うようになる。

　学校の巡回相談員の仕事は大学院を出てからも継続した。この時点から、ロサの中では、ポルトガル語の位置づけが変わってきている。それまでは移民の友だちとコミュニケーションするためのものだったが、職業として

支援に関わる中で、子どもや保護者の通訳として、そして文章を書くための
のポルトガル語が必要になり、そのための勉強を始めた。ポルトガル語は
私的な関係を築くためのものだけではなく、仕事に使うための道具となっ
た。

　移民支援に関わり続け、ロサは自分なりに結果も出してこれたと考えて
いる。その一方で、「ひとりでは無理」と書かれているように、ひとりだ
けではすべてを解決することなど到底できないと痛感している。自分自身
も移民を経験したので、力がないわけではないが、しんどい立場に置かれ
た子どもたちに、支援者の立場からでは、それ以上踏み込めない場面も
多々ある。そこで少しでも改善するため、「もっと声をあげたい」と考え
ている。

　これが大学教員を目指すようになったきっかけでもあった。普通の学校
の中に巡回相談員として入っていても、学校のヒエラルキー構造から、常
に「教員よりも下の立場にいる」というように感じることが多い。そのま
までは「誰も聞いてくれないように感じる」。そうではなく、声を聞いて
もらうようになるために、自分自身が大学の教員になることが重要だった。

⑧大学教員として

　一つ目のチャンスは最初の就職先、二つ目のチャンスは現在の職場であ
る。大学では多文化共生や国際理解教育についても教える。近年の若者は
「外国離れ」と言われることがあるが、ロサの視点によれば学生は外国に関
心がないのではなく、単に体験していない部分が多すぎて「わからない」
のではないかと考えている。そこで世界の難民問題や外国人労働者や技能
実習生の問題を一つ一つ取り上げ、話をし、学生自身が「何かおかしいん
じゃないか」とか「何か調べたい」という変化のプロセスを持つことを目
標にしている。これまで出会ったことのない問題について考えたり、行動
を起こしたいと学生が自分自身で思うようになることを大切にしている。

　多文化共生の授業の一環として、ロサがスペイン語のみを使って模擬授
業し、それを学生に体験してもらうことを時々行っている。これはロサ自
身が中学校で経験した、「自分が全く日本語ができないのに、日本語の授

業を受ける」という状況を学生に疑似的に体験させるものである。模擬授業は5分程度であるが、学生は「恐怖の5分だった」「これが一日中だったら間違いなく嫌になる」といった感想を記す。ロサは教育者として、様々な問題を第三者の視点から見るだけではなく、まず当事者の立場にたって考えられるような方策を大切にしている。

　以上が、ロサによる回顧的説明である。以下では、これを事例として、視覚的言語自伝の意義、そして個人の持つ複言語主義が社会にどのような役割を持つかを論じる。

3　視覚的言語自伝から見える複言語主義──言語の「満ち欠け」、言語の「意味」および文化との関わりの変遷

　日本への移民の言語能力を見ようとするとき、日本語能力あるいは母語能力のみに焦点を当てるものは多い。その一方で、ホスト国の就学言語や「母語」以外の言語について、またそれぞれの言語が本人にとってどのような意味を持つのかについて考察するものは少ない。しかし視覚的言語自伝では、このような点を把握しやすい。前節で見てきた筆頭著者の視覚的言語自伝を見ても、そこには言語や異文化との関わり合いが複合的な形で表れており、移民の複言語主義について多くを伝える。

　バイリンガルの持つ複言語は、常に同じ使用頻度や流暢さで存在しているわけではない。当人が置かれた環境やその言語を使用する必要性によって変遷し、必要があれば使えるようになり、必要がなければ使わなくなるため、いわば「満ち欠け」をする（Grosjean, 2010：85）。したがって使用する言語変種が増えることもあれば（ロサが獲得していった日本語やポルトガル語、英語）、減ることもある（ケチュア語は祖父母と離れたら聞くこともなくなってしまった）。そしてそれぞれの言語の重要性も変遷する。

　例えば英語は、ペルーにいたときのロサにとって「得意でも、好きでもない」言語だったが、日本の定時制高校に入学すると、自分は「他の子よりも英語ができるのかもしれない」と気が付き、勉強に力を入れることを

通じて、進学を続けるための重要なアイテムの一つへと変遷した[2]。また
スペイン語は常にロサの家族の言語であり、第一言語であるが、大学に進
学してからボランティア活動に使用するようになると、スペイン語が単な
る母語であるのとは違った意味で重要な位置づけを得ていることが、この
自伝から読み取れる。それは「人を助けるための重要な道具」なのである。
ポルトガル語は中学のときは「かっこいいな」とか「面白いな」と思う対
象だったが、高校や大学を通じて友だちと会話するための言語となった。
しかし巡回相談員になると、これはやはり「人を助けるという自分の仕事
にとって」重要な言語へと変わる。必要とされる能力も、口頭産出能力か
ら文章語へと変遷する。このようにして必要性に応じて言語能力だけでな
く、その言語の位置づけが変遷しているのである。

　視覚的言語自伝からは、複言語主義の重要な一部として、言語だけでは
なく、様々な文化との関わり方の変遷と、それらが自分にとって持つ意味
の変遷も見ることができる。来日前から家族との別離による孤独や、来日
後の当惑から、少しずつ自分の居場所を作っていく過程において、本人の
支えになったものの中心は、大家族から教会、音楽活動、自分の使命へと
移り変わっていく。高校時代に始めた音楽活動では、学校以外の文脈で日
本人と交流することを通して、「支援－被支援」の関係ではなく、「文化の
伝達者－その受け手」という新しい関係性を持つことができた。それまで
はロサ自身もペルーの文化について詳しいわけではなかった。また日本人
も、ロサやロサの家族の持つ文化を常に肯定的に受け入れてきたわけでは
なかった[3]。しかしアンデスの文化に興味を持った日本人と交流すること
は、「この人たちは自分の文化を受け入れてくれている」という感覚、承
認される喜びに加え、「自分の文化もけっこうすごいんだな」という感覚、
自文化への誇りを再認識する機会にもなった。

　そして教会は、別離による孤独や、異国に放り込まれた当惑や不安を受
け入れ、支え、生きていく勇気を与えてくれる場所として、学校の隣に描
かれてきた。しかしヨハネ・パウロ二世のメッセージとの出会いがあり、
人を助ける仕事を自分の職業としていく過程の中で、外部にそびえたつも
のとしての教会は表面的には姿を消し、それと同時にロサの中に「使命」

がゆるぎないものとして現れる。ロサの使命とは、他人を助けることである。教会の「庇護を与える」機能がまさにロサの内部に宿り、そこで生き始めたことを示すと解釈できる。

4　描き、物語ることを通した省察の意義と教育への示唆

　視覚的言語自伝を試した筆頭著者は、これまで様々な媒体で自分史を明らかにしてきたが[4]、今回視覚的言語自伝を初めて試すことで、初めて意識することがあった。なぜだろうか。Melo-Pfeifer（2019）は言語のみを用いた自伝について、「言語は他のモードの中でも、その可能性を持つと同時に、その限界や制約も持っている」ことに注意を喚起する。言語で書くこと、視覚的に表現すること、それぞれのモードには可能性と制約がある。つまり、言語的に表現できることが視覚的には表現できないこともあり、その逆もある。視覚的な方法を使うことは、言語的方法だけでは気づかなかったことに気づくよい方法となる。

　言語に依存しなくてもよいということには別の利点もある。学校の先生が学校現場で関わっている子どものことを詳しく知るとき、その子どもがまだ言語的に十分な表現能力を持っていなくても、絵画などによって表すということができるだろう。

　また教師自身にとっても、言語自伝は教員の職業訓練の一つとして使うことができる。教師が自分と言語との関わりの変遷をたどることが、自分以外の人の複言語主義を深く理解することにもつながると考えられる。

　言語自伝は、言語の学習や喪失、使用のプロセスについて、本人の視点を通してそこに現れる出来事やプロセス、関係者の間のつながりを際立たせることで、自分の学習履歴に対する洞察を得ることを可能にする。このため言語自伝は、教育の分野、とりわけ教員養成の文脈で多く実践されてきた。Molinié（2006）は、学習者（ここでは教員志望の学生）に、自分の言語学習履歴についての自伝を描かせ、それを発表しあうという教員養成の方法について論じている。これまでの学習活動を振り返り、誰かに対して物語ることは、学習活動に関するテキスト（＝ここでは言語自伝のこと）を

聞き手との関係性の中で生み出すことであるが、それは（1）と（2）の二つの次元を行き来することだと述べる。

　（1）心と心の間（inter-psychique）：学習者が協働する相手との接触
　　　の中で得られるもの
　（2）心の内部（intra-psychique）：（1）を通して、学習者の中で内在
　　　化されるもの

　言語自伝を教育的に利用することには、この二つを連続体として結びつけることで、この行き来を通して省察が促され、学習を省察するために必要な意識が高まると考えられる。

　筆頭著者の事例でも、視覚的言語自伝を「誰か（この場合は共著者）に向けて」描くこと、それについて話すことを通じて、著者は関係性の中で自己の移民としての使命や職業的アイデンティティを再認識するのと同時に、それをより深く内在化させた。言語自伝を描き、物語るという作業は、本質的にやりとりの中に生まれるものであり、語る人と、それを聞き取る人との関係性が無視できない。ここでは著者両者の複言語主義が重要な役割を果たす場面があった。

　ヨハネ・パウロ二世が若者に向けて述べたメッセージは、ロサのMisiónへとつながっていた。インタビューは終始日本語で行われていたが、聞き手である大山はここで「このメッセージは何語で言われたのか」ということが気になり、質問した。この問いに対して、ロサは「英語とイタリア語を中心に、スペイン語、フランス語などを入り混ぜながら述べられたものだ」と述懐した。このときロサは通訳機を使って通訳を利用することもできたが、「当時は既にポルトガル語が話せるようになっていたので、イタリア語、特に宗教関係のイタリア語は、口頭で理解できることが非常に多くなっていた」。ロサは日本語で理解したのではなく、ヨハネ・パウロ二世の語る言葉を直接聞き、それを母語であるスペイン語にひきつけて深く解釈していたのだ[5]。

　大山は日本語や英語、フランス語を日常的に用いるバイリンガルであり、

また多少のスペイン語の知識を有する。日本語では「塩」という表現は、「味付けをするもの」ではあっても、「風味」という意味は持たない。さらにスペイン語と同族言語関係にあるフランス語では、塩は "sel"、味は "saveur" であり、音韻的には "s" しか一致せず、また "saveur" にはとりたてて「場を盛り上げる」との意味はない。同族言語であるスペイン語を使うオチャンテは、なぜ「塩」と「風味」とを結びつけたのだろうか。それを何語で解釈したのだろうか。聞き手である大山は、このような複言語知識を通じて、オチャンテへの質問を行った。

　オチャンテによれば、すなわちスペイン語では塩（sal）と「風味」を表す "sabor" とは、語源は異なるものの、音声的に近く、そのため連想が可能になった[6]。スペイン語の "sabor" には、味覚だけではなく、物事に風味を与えるという意味がある。例えば南米の音楽の一種であるサルサで、それを自分らしく、うまく踊れることを 例えば "tiene sabor"（味があるね、すなわち、いい感じで踊っているね、という意味）としたり、また "ponle sabor a la vida"（人生に風味をつけて、すなわち、人生を味のある、豊かなものにしなさいという意味）と表現することがある。つまりsaborには物理的な味覚だけではなく、「その場を活き活きさせるもの」という含意を持つ。だからこそ、「地の塩」になれとのメッセージは、ロサにとって、「あなたがいる土地（ここでは日本）において、周りの人たちを活かすものになれ」という、力強いメッセージとして捉えられたのである。このメッセージが仮に日本語やフランス語などで解釈されたとすると、「塩」自体からこれほど多様な意味（「風味」から「周りの人を活かす存在」にまで）を連想するのは不可能である。このように、このエピソードの解釈には話し手と聞き手の複言語主義が大きく関わっており、お互いの複言語主義を通してこそ、より深い解釈が可能になった。

　これはまた、複言語話者（バイリンガル）が、概念の理解を「モノリンガルとは異なる方法で」行っていることの証左でもある[7]。このことは、概念理解において、言語を複数化させることが、より多方面からの理解を促進するという、複言語教育の目標に根拠を与えるものでもある。モノリンガルで行われたやりとりの中にも、複言語主義に基づいて新たに解釈で

きたことがあったが、これは、「複言語主義とは知識構築のためのツール
であり、資産である」ことを示す。ここから、複言語を持つ移民の複言語
主義をできるだけ活かすようにし、またモノリンガルの日本人を、複言語
を持つ個人へと育てることは、社会の資産を増やすことになると言えるだ
ろう。

注
1) 例えばスペイン語のcorazón（「心」という意味）は、ポルトガル語では語尾のみが
   変化し、coraçãoとなる。この規則性が見えてくると、他の単語についても類推が利
   くようになる。
2) ロサが自分は他の生徒よりも「英語が得意かもしれない」と感じたことは驚くこと
   ではなく、一般に、バイリンガルはさらに別の言語を学ぶときに有利であると知られ
   ている（Grosjean, 2010：100）。
3) 特に学校文化に関連するものでは、ペルーでは女の子はみんなピアスをするもの
   だったが、日本の中学・高校ではそれは逸脱とみなされた。また学校に「お茶を持っ
   ていってよいが、オレンジジュースは不可」という習慣は、外国人にとっては理解し
   がたいものがあった。均質性の高い日本の社会の中で、ロサは「周りに日本人がいる
   ときに、母語で話すと、迷惑がられているような気がして、コンプレックスを感じて
   いた」。ただし、コンサートでは、スペイン語で歌うことが「かっこいい」ことだと
   感じられた。
4) 朝日新聞（インタビュー）オピニオン「移民の夢育めますか」2019年4月16日
   p17　オピニオン・スライス 桃山学院教育大学 教育学部教育学科 講師 オチャンテ・
   村井・ロサ・メルセデスさん『月刊大阪弁護士会』182, pp.3-7, 2020-02〈http://
   www.osakaben.or.jp/matter/db/pdf/2020/oba_newsletter-217.pdf〉
5) 「宗教関係のイタリア語は、口頭で理解できることが非常に多くなっていた」のに、
   なぜスペイン語で深く理解したのか、と疑問に思われるかもしれない。これはバイリ
   ンガルにとってはよくあることだが、様々な言語使用の中で、自分にとって重要なア
   イディアや、生き方に関わる重要なメッセージについては、一つの言語で読んだり聞
   いたりしても、自分の保持する様々な言語を用いて考えることがある。だからヨハ
   ネ・パウロ二世のメッセージも、イタリア語で聞いたとしても、それをまたスペイン
   語に置き換えて考えたことは自然であった。
6) イタリア語では塩はsale、味はsaporeとなる。
7) 例えば筆頭著者が日本語で聖書を解説する場面でも、スペイン語の聖書を読むと、
   自分の理解が進むし、説明もしやすくなる。同じメッセージに複数の言語でアプロー
   チすることは、解釈を促進するのである。これは本書の中の清田論文で紹介する教育
   支援とも通じる。

・あなた自身の視覚的言語自伝を描き、それについて物語ってみましょう。どのような気づきがありますか。

・15歳で来日した著者は、様々な助けを受けました。誰が、どのような支援をしたか、整理してみましょう。

・関わっている子どもの置かれた状況を把握するためには、来日背景、文化背景、家族構成など、多面的に知る必要があります。そのためにどのような工夫が考えられますか。

参考文献

グロジャン，フランソワ（2018）（西山教行監訳）『バイリンガルの世界へようこそ──複数の言語を話すということ』勁草書房

文部科学省（2020）「日本語指導が必要な児童生徒の受入状況等に関する調査（平成30年度）」の結果の訂正について〈https://www.mext.go.jp/b_menu/houdou/31/09/1421569_00001.htm〉

Grosjean, F.（2010）*Bilingual: Life and Reality*. Cambridge, Mass: Harvard University Press.

Little, D.（2009）Language learner autonomy and the European Language Portfolio: Two L2 English examples. *Language Teaching*, Volume 42, Issue 2, April 2009, pp.222-233〈DOI: https://doi.org/10.1017/S0261444808005636〉

Melo-Pfeifer, S.（2019）Comprendre les représentations des enseignants de langues à travers les récits visuels. La mise en image du développement professionnel des futurs enseignants de français langue étrangère. *EL.LE*, 8（3）, pp.587-610.

Molinié, M.（2006）Activité biographique et développement du sujet plurilingue. *Le français dans le monde Recherches et applications* n° 39, pp. 171-189.

Molinié, M.（dir.）（2009）*Le dessin réflexif. Élément pour une herméneutique du sujet plurilingue*. Paris: CRTFUniversité de Cergy-Pontoise.

Molinié, M.（2019）Biographie langagière, In Delory-Momberger, C.（dir.）*Vocabulaire des histoires de vie et de la recherche biographique*（pp.300-303）. Toulouse : Erès

Perregaux, C.（2002）（Auto）biographies langagières en formation et à l'école : pour une autre compréhension du rapport aux langues. *VALS-ASLA*, 76, pp.81-94.

Simon, D-L. et Thamin, N.（2009）Réflexion épistémologique sur la notion de biographies langagières. *Revue Carnets d'Atelier de Sociolinguistique*.〈http://www.u-picardie.fr/LESCLaP/spip.php?article260〉

「多様化」を唱える小学校外国語教育の課題

日本の小学校における外国語指導助手の表象と現実をめぐって[1]

ピアース・ダニエル・ロイ

要　旨

　日本の中等教育での英語教育では、1980年代から多くの外国語指導助手（Assistant Language Teachers：ALTs）を英語圏から招致してきた。ALTには英語を教えるだけでなく、自国の文化等を紹介する役割も期待されてきた。2000年代には小学校で外国語教育が導入されるのに伴い、小学校にALTが参入するとともに、言語的・文化的多様化も進んでいる。しかし、小学校の外国語教育政策は未だに英語ネイティブ教師のみを想定したモデルにとどまり、ALTの多様な言語的・文化的来歴（複言語主義）を考慮に入れていない。本章は、会話分析の手法を用いて、非英語圏出身のALTの実践における教師・児童間の相互作用の分析を行い、ALTの表象と小学校外国語教育の目標に齟齬があることを指摘する。ここから、言語・文化的多様性により配慮した政策資料と教員養成課程が必要であることを示す。

キーワード

小学校外国語教育、ALT、ティーム・ティーチング

1 はじめに

　2020 年度の小学校学習指導要領の施行から、高学年には教科としての外国語[2]と、中学年には外国語活動[3]が必修化された。この必修化は、教育現場との十分な調整を経ずに急速に定められた政策であるため、指導を円滑に行うために必要な英語能力[4]をもつ学級担任は不足しており、また外国語の授業に対する不安を抱く教員も多い（Machida, 2016）。文部科学省は小学校教師の全体的な外国語運用能力の不足を補うため、外国語指導助手（Assistant Language Teachers：ALTs）や英語が堪能な地域人材の積極的な活用を勧めている[5]（文部科学省, 2017a）。しかし ALT が最初に導入されたのは初等教育ではなく、中等教育であり、しかもそれは教育政策だけでなく、外交政策に関わる理由のためでもあった。

2 ALT の導入と変遷

2.1 外交政策と ALT の導入

　ALT との授業は、1987 年に JET プログラム（語学指導等を行う外国青年招致事業：The Japan Exchange and Teaching Programme）が導入されてから一般的になった。1987 年には約 800 名の ALT が英語圏から招致され、中学校・高等学校で日本人教員とともに英語の授業を行った。これまでにJET プログラムによって来日した ALT は年間平均 4500 名である（CLAIR, 2020c）。JET プログラムは、「日米の貿易戦争の最中に、1986 年のロン・ヤス会談において、中曽根首相から、アメリカへの贈り物」として発表された（McConnell, 2000：1, 拙訳）ものであることから、当初から言語教育を目的としたというよりも、貿易摩擦の解消のための外交政策としての側面が強いものであった。このように ALT とのティーム・ティーチングの教育的意義のほとんどが、事後的に書かれたものであって、当初から計画的に考えられたものではなかった。その名残が、現在の ALT に関する政策文書にうかがえる。

表1　学級担任とALTに求められる役割

学級担任等に求められる役割	・児童の理解の様子をよく観察しながら授業を進める ・ALT とともに活動の仕方を示す ・児童の日本語によるつぶやきや気付きを拾い、ALT に易しい英語で言わせる ・ALT の発言を繰り返させて児童に聞かせたり、スピードを変えさせたりし、児童に英語を聞かせる ・評価について分担して行い、振り返りの活動では、児童の活動の様子について情意面で気付いたことをほめる
ALTに求められる役割	・学級担任等とともに、活動の仕方を示す ・単元に合った自国の文化や生活等について紹介し、児童とインタラクションしながら、お互いの国の様子やALT自身について知ってもらう ・児童のつぶやきや気付きを、児童から直接、または、学級担任等を介して受け取り、易しい英語やジェスチャーを使って分かり易く示す ・ネイティブ・スピーカーの正しい発音を繰り返し聞かせる ・学習した英語を使って児童と会話する ・評価について分担して行い、振り返りの活動では、児童の活動の様子について技能面を中心にほめる

(文部科学省、2017b：109-110)

2.2　ALTの二重の役割とその表象

　ALTにはまず外国語である英語能力が求められているが、JETプログラムの目標は「全国の小・中学校や高等学校で、国際交流の業務と外国語教育に携わることにより、地域レベルでの草の根の国際化を推進すること」（CLAIR, 2020a、強調引用者）であるともされている。つまりALTは言語を教えるだけでなく、文化的インフォーマントとして国際化を推進させることも期待されており、これは現在、小学校においても当てはまる。2017年に日本人教員向けに作成された、文部科学省発行の『小学校外国語活動・外国語研修ガイドブック』には、ALTに求められている役割が表1のように記載されている。

　ここでは、英語の使用は主としてALTの役割であり、授業運営面は主として学級担任が担うというような役割分担が示されている。その一方で、学習指導要領には、外国語指導助手に関する言及は次の文言のみであり、ティーム・ティーチングの具体的な進め方についての規定が一切ないのが特徴的である。

　　　外国語活動を担当する教師が指導計画を作成し、授業を実施する

に当たっては、ネイティブ・スピーカーや英語が堪能な地域人材な
どの協力を得る等（中略）指導方法の工夫を行うこと。

（文部科学省, 2017d：162/177）

　ALTの本格的な導入は1980年代にさかのぼるため、日本にはALTと
のティーム・ティーチングに関する研究は少なくない。ALT導入に反対
の意思を示し続けた若林（1989）は、そもそも外国語教育を専門にしてい
るわけではないALTに『外国語としての英語教育』を扱わせるのは本来
無理」であると指摘し、ALTのそれぞれの専門性を活かすために「当面
は英語国からの外国青年であるから、英語で音楽・体育・社会・数学を教
えさせればいい」と論じた（同書：15）。また、佐久間（1997）は、英語科
と国語科の接続を図ることを念頭に、生徒がALTに英語を通して日本語
を教えるような活動を勧めている。山岡（2008）は、授業内の主導権を専
門家である日本人教師がとるべきだと論じながら、教材をALTに作らせ
て、「異文化理解」としてALTを活かすこと、すなわち言語モデルより、
異文化を体現させることが有意義であると主張している。小串（2008）は、
複言語主義という概念に触れないものの、言語学習経験の観点から、非英
語母語話者をALTとして採用することを勧める。また、Ishiharaら
（2018）は、ALTが単なる英語モデルではなく、日本語と英語を両方使っ
てコミュニケーションを図ろうとする姿を授業で見せた方が、学習者の学
習意欲につながる可能性を論じる。Pearce（2020）は、公立小学校での外
国語活動のいくつかの事例の検討を通して、児童は、言語機能のみに焦点
を当てた授業よりも、外国文化を取り入れた、内容重視の授業により積極
的な態度を示すことを明らかにし、そこから「ALTを言語的エキスパー
トとしてよりも、文化的インフォーマントとして捉える方が、より教育的
意義があるかもしれない」と示唆している（同書：147、拙訳）。このよう
にティーム・ティーチングに関する先行研究の多くは、ALTの導入から
30年間ほとんど一貫して、ALTの言語エキスパート（モデル）としての
役割よりも（言語学習・使用経験を含めた）文化的インフォーマントとして
の重要性を訴えてきた。

しかし、文部科学省の資料には、これらの先行研究の指摘はまったく反映されていない。学習指導要領だけではなく、例えば、上述の『ガイドブック』を見ても、ALTが「自国の文化や生活等について紹介し、児童とインタラクションしながら、お互いの国の様子やALT自身について知ってもらう」（文部科学省, 2017b : 110）とあるのみで、その記述はごくわずかであり、また文化を紹介せよとは言うものの、授業の具体的な方策や、指導法についての記述は一切ない。

このように学校で利用できるはずの資料には、文化的インフォーマントとしての貢献の仕方に関する資料は乏しく、むしろ英語ネイティブ・スピーカーとしての役割にばかり焦点が当たっていることが分かる。

2.3　多言語・多文化化するALT

ところがALTは、全員が英語のネイティブ・スピーカーではない。むしろ、ALTの多様化は年々進んでいる。

2.1で述べたように、JETプログラムの導入時には英語圏のALTのみが招致され、その大半はアメリカ人であったため、ティーム・ティーチングによる英語教育はアメリカ英語が中心であった。しかし90年代にはJETプログラム参加国が増え始め、現在は57か国に上る[6]。小学校に初めてALTが導入されたのは2002年であるが、その後ALTは急増し、JET以外に直接採用や派遣会社によるものなど雇用形態も多様化した。JET以外の雇用形態では、出身国や母語が問われないことが多い。2017年の大規模調査によると、小学校勤務のALTの3人に1人が英語の非母語話者（またはバイリンガルの母語話者）である（表2）。また、同様の数のALTが非英語圏出身である（上智大学, 2017）。

今後もALTの多様化はますます進むと予想できる。その理由は日本と英語圏の社会経済的状況にある。日本は経済的には長年にわたり停滞が続

表2　小学校勤務のALTの母語別統計[7]

言語	英語	その他	不明	回答人数
人数	421	150	5	471

（上智大学（2017）を元に筆者作成）

いており、ALTの報酬は、JETプログラム導入時からほとんど変わって
いない。一方、英語圏は、国によって差こそあれ、物価も賃金も上昇して
おり、ALTの報酬は英語圏出身者にとってもはや魅力的ではなくなって
いる。杉本・山本 (2019) は、英語圏出身のALTとフィリピン出身の
ALTを対象に調査を行ったところ、志望動機として報酬を挙げたのは
フィリピン出身ALTのみであったことを明らかにした（同書：190）。
ALTの需要が変わらない限り、英語圏出身者を招致することが困難であ
り、したがって英語圏以外のALTがさらに割合を増すことが予想される。

3 非英語母語話者による授業実践

　ALTが多言語化・多文化化しているにも関わらず、こうした多様な
ALTとのティーム・ティーチングの進め方についてはほとんど解明され
ていない。非英語圏出身のALTと授業実践を取り上げた先行研究は管見
の限り存在しない。そこで本章では、非英語母語者のALTとのティー
ム・ティーチングに関する事例を検討したい。
　ここでは、中東出身で、アラビア語を母語とするALTとの授業実践を
取り上げる。このALTの名前をウバーダと呼ぶことにする。エスノグラ
フィーの手法の一つである会話分析を用いて、授業内の教師・児童間の相
互作用の分析を行う。会話分析は内部者の視点から分析をし、談話におけ
る相互作用の特徴を解明する手法であり、「参加者自身が権力、ジェン
ダー、人種などの要因に方向づけられているという証拠がデータに表れな
い限り、それらの要因をもってデータを解明することは適切ではない」
(Seedhouse, 2005：166、拙訳) とされている。ここでも、ALTの母語・出
身を最初から重要な要因としては分析しない。そうではなく、教師・児童
間の相互作用の特徴と、授業内容そのもの両方に焦点を当てながら分析を
行う。

3.1　データと授業の概要
　関西の都市部にある公立小学校で2017年12月11日に筆者が収集した

1回分のティーム・ティーチング授業を録画し、書き起こしたものをデータとする[8]。ALT（ウバーダ）はこの授業ではクリスマスの紹介を行うという、いわゆる文化的インフォーマントの役割を果たした。

　以下では授業内に生じたすべてのやり取りのうち、代表的なやり取りの書き起こしを通して、授業の分析を行う。

3.2　授業の記述

　この日、ウバーダはパワーポイント資料を使いながら情報伝達型の授業を展開させた。学級担任のヨシエはほとんど傍聴者として授業を観察していたが、何回か介入してウバーダに情報の確認をしたりしていた。この授業のテーマはクリスマスで、ウバーダはクリスマスの歴史と、西洋（主にアメリカ）の現在に見られるクリスマスの文化を紹介した。筆者は教室にいて授業の観察をしていたが、これは奇妙な経験であった。なぜなら、ウバーダは中東出身であり、彼自身がクリスマスを祝ったことがないこと、そしてアメリカに行ったことがないことも、筆者は知っていたからである。ウバーダによると、クリスマスに関する授業を準備するようにとヨシエに依頼され、指示通りにインターネットなどで資料を検索し、パワーポイントを作成したとのことであった。ヨシエは依頼した時点で、ウバーダの文化的背景を知らなかったかもしれない。

　筆者は実践前にウバーダと話し合い、彼の出身地や英語学習等について話を聞いていた。ヨシエはそれをしなかったが、その理由は、ウバーダの勤務形態にあるだろう。ウバーダがこの小学校を訪問するのは授業時間のみで、予定された授業が終わったらすぐに教育委員会に戻る。そのため、学級担任と授業外に話や打ち合わせをする時間が取りにくく、授業内容に関するやり取りは基本的にメールで行うか、あるいは学級担任かウバーダが単独で計画していた。

　この授業の流れは表3の通りであった。

　挨拶とウォームアップ活動が終わると、ウバーダはクリスマスの紹介に入った。ウバーダは日本語も達者であるため、ほとんど日本語を使っていた。個々のトピック（キリストの誕生や七面鳥ディナーなど）について、ま

表3　授業の流れ

学習活動	ウバーダ・ヨシエの役割	時間配分
挨拶・ウォームアップ	ウバーダ：挨拶・パワーポイント準備・歌を歌う ヨシエ：挨拶・歌を歌う	5分
クリスマスについての説明	ウバーダ：パワーポイントに基づいてクリスマス 　　　　の紹介 ヨシエ：分かりにくいところを簡潔にまとめる	25分
質疑応答	ウバーダ：児童の質問に答える ヨシエ：必要に応じて質疑応答の援助	5分
クールダウン	ウバーダ・ヨシエ：一緒に英語の歌を歌う	10分

ず児童に質問することで、少しのやり取りを経てから、パワーポイント資料を用いて説明を行った。授業の始めには、児童はわくわくしている様子を見せていたが、情報が多すぎたのか、あるいは情報伝達型授業に飽きたせいか、徐々に集中力が途切れてきた。ここで以下の抜粋（1）と（2）を検討したい。

抜粋（1）[11.12.2017]
((情報伝達の最中：アドベントカレンダーを紹介するウバーダ)) 9)
01 ALT: okay advent (.) christmas のadvent ((PPTスライドを指
02　　　で指す)) () ˚yes˚ (1.1) ((スライド上のアドベントカレンダー
03　　　の日にちを指で指す)) <one> (0.1) <twenty four>
04　　　なんで二十五ない？
05 LL: え？
06 ALT: why
07 L1: え、分からん
　　　　((11行分飛ばす))
08 ALT: so countdown to christmas okay so this 普通のカレン
09　　　ダーじゃない (0.6) boxes ((日にちを指で指す))
10 L2: 開けてチョコをもらうやつ
11 HRT: >そうそうそう<
12 ALT: ((観察者に向かって)) daniel do you do this in
13　　　america?

14 OBS: a:[::h] yes we do
15 ALT: [>advent calendar?<] °that's cool°

　抜粋（1）では、児童がまだ授業にある程度積極的に反応しており、05
行目で驚きと、07 行目に困惑を示していることが分かる。数行後に L2 が
アドベントカレンダーの知識を提示し、ヨシエが 11 行目にそれを評価す
る。抜粋（1）ではそれ以降のやり取りに注目すべきである。12 行目にウ
バーダが突然、授業観察者である筆者（OBS）に向けて "Do you do this
in America?" と質問をする。ここでウバーダは自ら文化インフォーマン
トとしてのステータスから降り、西洋人である筆者の知識を要請する。ウ
バーダは、クリスマス文化に関して自分の無知を明示的にさらけだしてい
る。そしてその無知は、質疑応答の場面においても現れる。抜粋（2）は、
一人の児童の質問をめぐるやり取りである。

抜粋（2）[11.12.2017]
　((パワーポイント資料による説明を終え、ウバーダが質問を喚起する))
01 ALT: クリスマスのことで何か質問がある？((手をあげる)) okay ()
02   きてください
03 L1: ((挙手する))
04 ALT: yes ((L1 を手で指名する))
05 L1: クリスマスってさ::
06 ALT: うん
07 L1: なんでさ、クリスマスプレゼント(サンタさんが)贈ってくれるの？
08 HRT: なんでクリスマスプレゼントがあるの？－
09 ALT: これはお（.）祝いしているから
10 L1: お祝い？
11 ALT: 誰のさき？（0.9）誰の誕生日？
12 L2: イエスさま
13 ALT: だから（.）子供たちはよろこぶから（0.1）もらったら
14 L1: ((HRT に向けて))え：と、それてさ（0.4）よろこぶためにさ

15 　　（0.2）よろこぶために：やってるの？

　ここでは、児童のL1が07行目から「なんでサンタさんがクリスマスプ
レゼントを贈ってくれるの？」と質問をする。08行目にヨシエが質問内
容を修正し、「なんでクリスマスプレゼントがあるの？」とウバーダに問
い直す。ヨシエがなぜこのように質問を修正したかは不明だが、他の児童
により分かりやすい形として聞き直したか、ウバーダにより答えやすい形
にしようとしていたか、いくつかの可能性がある。いずれにせよ、ウバー
ダは「祝いしているから」と、ごまかすような回答を出す。西洋やアメリ
カ、また日本にもプレゼントを交換せずに祝う行事もたくさん存在するの
で、「祝いしているから」では理由にならない。L1はこの回答に納得して
いない態度を示し、10行目に、より正確な情報をウバーダに求める。そ
れに対してウバーダは「覚えてる？　誰の誕生日？」と聞き返し、回答の
「イエスさま」を12行目に受けてから、「だから、子供たちがよろこぶか
ら」と、児童にとっては関係性の見えない回答[10]で片付けようとする。
質問に対する「イエスの誕生日を祝っているから」という回答は、自分の
誕生日にプレゼントをもらうことしか知らない児童にとって、「他人（イ
エス）の誕生日になぜプレゼントをもらうのか？」という謎を解く手がか
りにはならない。当然のことながら、この回答に対してもL1が納得せず、
今度は14行目からヨシエに対して、やや困惑した口調で確認を取ろうと
する。ここでウバーダは、文化インフォーマントとして機能しなくなって
いる。
　この抜粋の後、児童からはさらなる質問として、1)「サンタさんはフィ
ンランドからどうやってプレゼントを運ぶの」というものと、2)「サンタ
さんにどうやってなれるの」があった。これらの質問は、授業内容で新し
く知ったことから生まれたというよりは、児童の既存知識から出てきた疑
問のように思われる。ウバーダの授業内容を児童がどれだけ理解したかは、
ここでは知ることはできない。いずれにせよ、質疑応答の時点で、多くの
児童が集中力を失っていた（図1）。

図1　質疑応答の場面

右側に立っている児童は質問をしている。矢印が視線を示している。

3.3　分析

　2.2で引用した『ガイドブック』によると、ALTに求められている役割は「単元に合った自国の文化や生活等について紹介」する（文部科学省，2017b：110、強調筆者）ことであるので、いくら言語面に関する記述が英語偏重であっても、文化を取り上げる授業において、英語圏のみの文化を扱わせる必要はないはずである。アラビア語母語話者である中東出身のウバーダの複言語主義を活かすため、彼自身の文化体験に基づいた授業が目指されていたとすれば、どのような展開がありえただろうか。

　もしもこれが、担任との対話をふまえて行われた授業だったとすればどうだろうか。例えば、最初に担任がウバーダに「そろそろクリスマスですね。お国では、どのようにクリスマスを祝いますか」と問いかけたと仮定しよう。おそらくウバーダは、国ではクリスマスを祝う人が少ないという回答をしただろう。それからいくつかの展開が考えられる。例えば、「出身国ではクリスマスのような大きい祭りは何があるか」「プレゼントを交換する日はあるか」といった質問もありうる。クリスマスを祝わないのは、イスラム文化圏なので、イスラムの文化について話すことも可能であった。その場合は、児童からどんな質問が出されても、ウバーダにとっては自分の言語的・文化的経験に基づいて適切に答えることができたであろうし、文部科学省が唱えるALTの「存在自体が異文化を体現する」（文部科学省，2017b：108）ことが実現できたはずである。そして、先行研究には、児童

の集中力を保たせるには学級担任の積極的な関わりが不可欠であることは指摘されている（狩野・尾関, 2018; Pearce, 2020）ことから、このような対話型の授業の方が児童の学びの面から教育的な意義があったであろう。もちろん、ウバーダがアメリカ文化や自分の出身国以外のことを授業に取り入れること自体には問題はない。しかし、その文化を代表する、あるいはさせられることの意義は、疑わしいものである。このような授業で英語圏の文化を取り上げるのなら、ウバーダが母文化とその文化を比較するか、児童たちと同じ目線で「外」から見て一緒に考えるような形の方が児童にとって海外文化に対する理解を深めることにつながるのではないか。

　さらに、ウバーダはアラビア語母語話者であることから、例えば出身国での祭りと関連付けて、挨拶など多少のアラビア語を紹介することができれば、それはいっそう「外国語活動」の目的に沿うのではないだろうか。上述したように、外国語・外国語活動の目標は、「外国語によるコミュニケーションを図る基礎・素地となる資質・能力」の育成であることから、もっぱら英語を使って「外国語＝英語」という印象を強化するのではなく、ALTの言語的・文化的多様性（つまり、ALTのそれぞれの複言語主義）を文化のみならず、言語面でも活用する方が、より世界の多様性を伝える授業になるだろう。

　しかし、この事例では残念ながら、ウバーダ自身の言語・文化的来歴は、活用される場がなかった。むしろ、「外国語＝英語」という表象だけでなく、文化面でも、「外国人＝クリスマスを祝う人たち」というステレオタイプを強化した可能性がある。

　ここで紹介した事例は一つだけだが、非英語圏出身ALTとのティーム・ティーチングにおいて、このようなケース、すなわち、非英語圏出身者であるにも関わらず英語圏の文化を代表して語らされていることは、決して珍しくないだろう。先行研究で見たように、3人に1人のALTは非英語圏出身であるが、そのことをどのように教育に活用するかということは、これまで問題にすらなってきていないためである。次の節では、その理由について考察する。

4 考　察

　本章で取り上げた授業実践で、ALTのウバーダは、最初から、自分の文化体験とかけ離れたアメリカのクリスマス文化の授業をするように依頼された。その結果、彼の複言語主義はまったく活かされなかった。このような授業は文部科学省の提示する「ALTに求められる役割」と齟齬をきたしている。この授業がなぜこのような展開になったのか、考えられる理由としては次があるだろう。1）教員養成課程にティーム・ティーチングがあまり取り上げられていないことに加えて、教員が容易にアクセスできるALTに関する資料が少ないこと、2）ALTの勤務形態から生まれる問題、3）教員向け資料におけるALTを英語母語話者（ネイティブ・スピーカー）とする一面的な表象である。

4.1　教員養成と政策文書

　1で述べたように、小学校ではALTの積極的な活用が勧められているが、それにもかかわらず、教員養成課程の中にALTとのティーム・ティーチングが取り上げられることはほとんどない[11]。教員養成課程で必修とされる教育実習[12]でも、教職を目指している多くの学生はALTとのティーム・ティーチングを経験することなく教育実習を終了する（Asaoka, 2019）[13]。そして、多くの現役教員が教員養成を受けていたのは、外国語の導入が決定される以前であったことから、十分な外国語教育の訓練を受けていない。このために、ほとんどの教員にとって、ALTと初めて接する機会が、実際の授業の場ということになる。

　教員養成課程におけるティーム・ティーチング経験の乏しさに加えて、教員に提示される資料に外国人の多様性（および、それに伴う複言語主義）についての記述が一貫して欠落していることから、多くの教員が「ALT＝英語・英語文化圏のリソース」というイメージのみを抱くことは、簡単に想像できる。

4.2 ALTの勤務形態

　この表象をさらに強化させているのがALTの勤務形態である。小学校勤務のALTの多くが、当該市町村の教育委員会に所属しており、授業時間のみに学校に赴く。そして、多くのALTが複数の学校で実践をしているため、月にわずか数回しか学校を訪問できない。本研究対象のウバーダも、実践が行われた学校に月3、4回程度しか来校していなかった。学級担任のほとんどは多忙で、空きコマがないため、学校でALTと話す機会がなく、ALT個人の言語・文化的来歴についても、学職歴や専門等についても話し合う機会がない。先行研究には、「多くのALTが学校の方針やカリキュラム・授業計画等の情報を得る機会がない」(Ohtani, 2010：43、拙訳)と指摘されているが、学級担任にとっても同様に、ALTに関する情報を十分に得られる機会がない。こうした事情に鑑みれば、おそらく学級担任のヨシエは、悪気もなく、ウバーダの文化的背景を考慮せずに、ただ単純にクリスマスが近いからという理由で、アメリカのクリスマスに関する授業を「外国文化インフォーマント」に依頼したのだろう。ウバーダの文化的背景を考慮する必要については、想像すらしていなかったのではないだろうか。

4.3 「外国＝アメリカ」の表象

　ALTとのコミュニケーションの課題をさらに深刻化させうるのが「ALT＝アメリカ人」という表象である。社会言語学的観点からすると、日本は二重のモノリンガリズム [14] に特徴づけられている (三浦・糟谷, 2000)。そして、日本における外国語としての英語は歴史的にもアメリカ英語を中心としたものであることで、「外国語＝(アメリカ)英語」といった表象を学校のカリキュラムは強化している。実際、日本の児童は「英語」を「外国語」の同義語と捉えることがある (Oyama & Pearce, 2019)。同様に、「多くの日本人にとって「アメリカ人」は「外国人」の同義語である」ことが指摘されている [15] (Stuart, 1987：4、拙訳)。文部科学省の資料によれば、「西洋文化」や「アメリカ」という用語の直接的な言及はないにせよ、二重のモノリンガリズムと、海外をアメリカを中心とす

る英語圏に同一視する姿勢が確かに認められる。「ALT＝英語母語話者」という表象が続く限り、多くの学級担任にとって、ALTや外国文化の多様性に気づく機会は与えられない。そのため、ウバーダが経験したような授業も、今後も繰り返し起こりうるだろう。

　このようなALTの表象は、ALT自身に心理的な悪影響を及ぼしかねない。先行研究は、ALTが学校の一員として認められていないと感じていると指摘している（狩野・尾関, 2018）が、特に非英語母語話者・非英語圏出身のALTにとって、英語圏の文化的インフォーマントであることのみが期待されることは、「この仕事には自分が必要だ」との肯定的な感覚を抱く要因にはならないだろう。この事例では、ウバーダは、中東の文化体験や、外国語としての英語使用者の知識や経験とはかけ離れた授業を依頼されることで、自分の能力が十分に活かされているとは思わないのではないだろうか。

5　さらなる展望

　2.2で述べたように、日本のティーム・ティーチングに関する先行研究の多くは、ALTに言語エキスパートよりも、文化的インフォーマントとして授業に参加してもらうことを推奨している。しかし、これらの先行研究のほとんどもまた、非英語母語話者のALTを視野に入れたものではない。本章では、ALTのウバーダの言語・文化的背景（複言語主義）を活かすような授業の提案をしたが、ここではもう少し詳しく言語面に焦点を当てて考察する。

　小学校の学習指導要領は、履修する言語を原則として英語としている。しかし、教科名の「外国語」からうかがえるように、英語以外の言語を排除することを目的とはしていない。むしろ、文部科学省の他の資料を読めば、英語以外の言語・文化を授業に取り入れる重要性が明記されている。『小学校学習指導要領（平成29年告示）解説外国語活動・外国語編』には、次のようにある。

題材としては、英語を使用している人々の日常生活等を取り上げるとともに、英語以外の言語を使う人々の日常生活も取り上げることにも配慮することが求められている。世界には英語以外の言語を話す人々も多い。そのことから、世界の人々を理解するには、英語以外の言語を使う人々の日常生活も取り上げることが大切である。

（文部科学省, 2017d：134）

　英語以外の言語や文化に対して意識を高める授業を実施するのであれば、そこでは非英語母語話者・非英語圏出身のALTが貴重なリソースとなる。もちろん、そのリソースを最大限に活かすことは容易ではないが、一つの可能性としては「言語への目覚め活動」が提案されている。「言語への目覚め活動」は、取り扱う言語の習得を目的にしたものではなく、複数の言語も合わせて提示し、学習者はそれらを観察したり、比較したり、仮説を立てたりすることを通してメタ言語知識を身に付けることを目的にした教授法である。欧州では導入されていて、大規模研究によると、「言語への目覚め活動」を受けた児童は、「多様性への興味」「よく知らないものへの開かれた態度」「言語を学習する意欲」「音素の記憶と弁別能力」の各項目において、受けていない児童と比べて有意に成績が高くなった（Candelier, 2003）。「言語への目覚め活動」は主に欧州で広く使用されている、複言語教育の一つの教授法であり、日本でも、まだ小規模ではあるが、学校の授業（大山, 2016; Oyama & Pearce, 2019）と、教員養成課程の一部（大山, 2019）において実践され始めている。このような教授法を取り入れた授業では、ALTの文化的経験だけではなく、知っている言語をも活かすことができるようになる。
　ALTは実際に多様な存在であるのに、英語音声資料のテープレコーダー代わりか、西洋（アメリカ）文化の単一化したステレオタイプを拡散する授業をさせられていることは、多様性の活用に結びついておらず、また言語的・文化的多様性とどのように付き合うかを教える教育にも結びつかない。ALTの多様性を教育に活かすことは、上述したような二重のモノリンガリズムや外国文化に対するステレオタイプを脱することにつなが

る可能性があり、このようにして日本の外国語教育に貢献できるはずである。しかし、この期待を実現するには、教員養成課程や、文部科学省の政策文書が、言語と文化の多様性を意識し、それを取り入れることが必要不可欠である。

謝　辞

　本研究はJSPS科研費19K23092の助成を受けたものです。

注

1) 本章は、ピアース（2021a）の加筆修正を行ったものである。
2) 授業時間は年間70時間。教科として児童は教員による評価を受ける。
3) 授業時間は年間35時間。児童は教員による評価を受けない。
4) それぞれの名称は「外国語」となっているが、学習指導要領には「外国語科においては、英語を履修させることを原則とする」と定められている（文部科学省、2017c, p. 164/178）。
5) ALTのほとんどが、外国語教育や教育の資格、経験等を有していない（Ohtani, 2010）。多くのALTを招致するJETプログラム（語学指導等を行う外国青年招致事業：The Japan Exchange and Teaching Programme）の応募要件には、「大学の学士以上の学位取得者又は指定の来日までに学士号以上の学位取得見込みの者であること」（CLAIR, 2020b）。
6) 数が少ないとは言え、フランス語とドイツ語などを担当するALTはいるが、基本的に英語圏以外のALTは、英語を担当することになる（CLAIR, 2020b）。
7) 中学校・高等学校のALTの多様化も進んでいる。JETプログラムは現在、英語圏・非英語圏を含めて50か国以上の国からALTを招致している。教育委員会や派遣会社など、他の雇用形態のALTを入れると、非英語母語話者のALTは中学校の16%、高校の24%を占めている（上智大学、2017）。また、最近の研究では、母語を問わず日本語と英語以外の言語が使用できるALTが全体の約6割を占めていることが明らかになっている（ピアース、2021b）。
8) この小学校では、授業実践時に教科としての外国語（英語）をすでに導入していた。
9) OBS＝観察者（筆者）。
10) クリスマスにプレゼントを交換する風習の由来には諸説があるが、キリスト教との直接的な関連性が定かではない（Collins, 2010）。
11) 文部科学省が教員養成課程の必修科目を指定しているのは事実であるが、開放制の原理により授業の内容自体を決定するのに各大学はかなりの自由があるため、教員養成課程でALTとのティーム・ティーチングを取り入れている大学もあるであろう。この点に関しては、筆者が調べた限り調査がなされていないようであるが、先行研究

（例えば、Asaoka, 2019）から取り上げている教員養成課程が少ないことがうかがえる。

12) 小学校の教職員免許課程には4週間の実習期間がある。これは国際的に見てもかなり短い期間である。

13) 筆者自身も（中学校・高等学校での）教育実習を経験している。筆者もティーム・ティーチングを経験したが、事後報告会に集まった30数名の学生のうち、ALTとのティーム・ティーチングを経験したのは筆者を含めてわずか5人であった。

14) 日本における二重のモノリンガリズムとは、国内のコミュニケーションは日本語が、国際的な言語としては英語のみが重要との表象のことである。つまり、「内では日本語オンリー、外とは英語オンリー」（三浦・糟谷、2000：p. 9）である。

15) 筆者もALTとして高等学校で5年間の経験を有しているが、筆者に向けて「アメリカでは…？」と、「アメリカ人は…？」といった質問を聞かれたことがよくあったことを覚えている。ある時、「アメリカじゃなくて、ニュージーランド出身だよ」と生徒に指摘したら、「あっ、分かっているよ、アメリカって、外国という意味で使っている」と言われた。

学習のヒント

- 本章で紹介した事例について、もしあなたが教師の立場なら、どのような授業プランを立てますか。
- 文化と言語両方の観点から学習目標を立て、ALTの複言語を活かした授業案を作ってみましょう（『言語と文化の多元的アプローチのための参照枠：FREPA』を参照することは有意義です）。
- 英語・日本語以外の言語を話すALTが多いものの、学校現場では、時間的制約などのためにALTの複言語主義を深く知ることは容易ではありません。ALTが自身の言語・文化的来歴を知るために、どのようなことができると考えますか（他の章の事例からもヒントが得られるかもしれません）。

参照文献

大山万容（2016）『言語への目覚め活動——複言語主義に基づく教授法』くろしお出版

大山万容（2019）「小学校英語のための教員養成における複言語教育」*JES Journal* 19, pp.36-51.

小串雅則（2008）「JETプログラムの『これまで』と『これから』」『英語教育』5月号, pp.10-24.

狩野晶子・尾関はゆみ（2018）「小学校ALTから見た小学校外国語活動の現状と課題」『JES Journal』18, pp.116–131.

佐久間康之（1997）「スローラーナーに英語を親しませる教材の効果的活用法」『現代英語教育』4月号，pp.20–23.

上智大学（2017）『小学校・中学校・高等学校におけるALTの実態に関する大規模アンケート調査——最終報告書』〈https://www.bun-eido.co.jp/aste/ALT_final_report.pdf〉

杉本均・山本陽菜（2019）「日本におけるフィリピン人外国語指導助手（ALT）の雇用問題——外国青年招致事業（JET）などを中心に」『京都大学大学院教育学研究科紀要』65，pp.179-200.

ピアース ダニエル ロイ（2021a）「隠された多様性——非英語圏出身の外国語指導助手（ALT）とのティーム・ティーチング」『言語文化研究』9，pp.5-30.

ピアース ダニエル ロイ（2021b）「小学校の外国語指導助手（ALT）はモノリンガルか——単一言語教育に従う複言語話者の位相」『言語政策』17，pp.1–24.

三浦信孝・糟谷啓介（2000）『言語帝国主義とは何か』藤原書店

文部科学省（2017a）『小学校における外国語教育の指導体制について』〈http://www.mext.go.jp/component/b_menu/shingi/toushin/__icsFiles/afieldfile/2017/12/12/1396780_04.pdf〉

文部科学省（2017b）『小学校外国語活動・外国語研修ガイドブック』〈http://www.mext.go.jp/a_menu/kokusai/gaikokugo/1387503.htm〉

文部科学省（2017c）『小学校学習指導要領（平成29年告示）』〈http://www.mext.go.jp/component/a_menu/education/micro_detail/__icsFiles/afieldfile/2018/09/05/1384661_4_3_2.pdf〉

文部科学省（2017d）『小学校学習指導要領（平成29年告示）解説外国語活動・外国語編』〈http://www.https://www.mext.go.jp/component/a_menu/education/micro_detail/__icsFiles/afieldfile/2019/03/18/1387017_011.pdf〉

山岡憲史（2008）「ALTをもっと活用しよう——resource personとして、informantとして」『英語教育』5月号，pp.15-20.

若林俊輔（1989）「AET導入反対の弁」『英語教育』3月号，13–15. doi: doi.org/ 10.7748 /ns.3.15.13.s35

Asaoka, C.（2019）*Early professional development in EFL teaching: Perspectives and experiences from Japan.* Bristol, U.K.: Multilingual Matters. doi: doi.org/10.21832/

Candelier, M.（2003）*L'éveil aux langues à l'école primaire. Evlang: Bilan d'une innovation Européenne.* Brussels, Netherlands: De Boeck. doi: doi.org/10.3917/dbu.cande.2003.01

CLAIR［一般財団法人自治体国際化協会］（2020a）『JETとは』〈http://jetprogramme.org/ja/about-jet/〉

CLAIR［一般財団法人自治体国際化協会］（2020b）『応募要件』〈http://jetprogramme.

org/ja/eligibility/〉

CLAIR［一般財団法人自治体国際化協会］（2020c）『歴史』〈http://jetprogramme.org/ja/history/〉

Collins, A.（2010）*Stories behind the great traditions of Christmas*. Grand Rapids, MI: Zondervan.

Ishihara, N., Carroll, S. K., Mahler, D., & Russo, A.（2018）Finding a niche in teaching English in Japan: Translingual practice and teacher agency. *System*, 79, pp.81–90. 〈https://doi.org/10.1016/j.system.2018.06.006〉

Machida, T.（2016）Japanese elementary school teachers and English language anxiety. *TESOL Journal*, 7(1), pp.40–66. doi: doi.org/10.1002/tesj.189

McConnell, D. L.（2000）*Importing diversity: Inside Japan's JET Program*. Berkeley: University of California Press.

Ohtani, C.（2010）Problems in the assistant language teacher system and English activity at Japanese public elementary schools. *Educational Perspectives*, 43, pp.38–45.

Oyama, M., & Pearce, D. R.（2019）Promoting bilingualism in Japanese elementary schools: Exploring the possibilities of the awakening to languages approach. *Japan Journal of Multilingualism and Multiculturalism* 25(1), pp.65-86.

Pearce, D. R.（2020）Interaction in the team-taught classroom: An investigation of HRTs, ALTs, and learners. *JES Journal* 20, pp.134-149.

Seedhouse, P.（2005）Conversation analysis and language learning. *Language teaching*, 38(4), 165-187. doi: doi.org/10.1017/S0261444805003010

Stuart, P. M.（1987）*Nihonsense*. Tokyo: The Japan Times.

第2部　多言語化する海外の学校

INTRODUCTION

　第2部「多言語化する海外の学校」は国外における多言語化する学校と、それを取り巻く「問題」を論じる。学校における複数言語の存在は長いあいだ「問題」であると考えられてきた。複数言語を話す子どもは国民国家の統合原理をかき乱す、また知能に問題があるといった非難が繰り返されてきた。このような非難は国民国家の中での学校教育の位置づけと深く結びついている。

　19世紀後半からの公教育の実施にともない、本書の取り上げる日本、フランス（ニューカレドニアなどを含む）、カナダでは教育の使命を国民の形成と考え、学校教育は一国家、一民族、一言語という国民国家の理念を実現すべく、ひとつの国語を話す単一の国民を創出する装置の役割を担ってきた。もちろん一言語を話す一民族のみが居住する国家は存在することはないのだが、近代の国民国家はこの幻想の上に成立してきた。

　2021年にはカナダ各地の学校跡地で遺骨が発見されたことにより、19世紀以来、先住民の子どもたちのために作られてきた学校が実際のところは先住民の言語文化の抹殺を行い、文化的虐殺を行ってきた悲劇が一般にも知られるようになり、多文化主義や間文化主義を掲げるカナダにおける歴史の闇が明らかにされつつある。カナダ政府はこの教育政策の責任を反省し、先住民への支援を行うと伝えている。先住民など異言語話者の文化的同化は歴史の中では稀ではなく、日本やフランスなども類似の事例に事欠かない。

　現代社会の中でも異言語話者の言語文化同化政策は広く実践されてきたが、フランスの異言語話者の言語表象（イメージ）にはさまざまな段階がある。子どもの保持する言語の中でも英語は優れた言語と考えられ、アラビア語などは価値の乏しい言語と見なされている。ソヴァージュ論文の分析するモロッコからの移民の子どもは方言アラビア語を話し、そのイメージは決して肯定的な評価を受けることはない。同じようにオジェ論文の扱うロマの言語となると、さらにネガティブなイメージに包まれている。またラザフィ論文の取り上げるニューカレドニアのように多くの現地語を保持する旧フランス植民地では現地語への先入観や偏見は依然として強い。

　20世紀後半に至るまで移民などの非言語話者の言語文化は支配言語への同化の対象であり、排除すべき異物だった。ところが21世紀に入り、CEFRの登場

とともに複言語主義が学校教育に新たな展望を拓き、国語以外の一言語が少しずつではあるものの排除の対象から包摂の対象へと変化しつつある。 カナダ、フランス、ニューカレドニア等における移民の導入した異言語の包摂の潮流は決して例外的な事例ではない。民主主義の成熟とともに少数者の権利が尊重されるようになるにともない、異言語は排除から包摂の対象へと変化しつつある。これまで複言語教育は外国語教育との関連から論じられることが多かったが、国内に存在する国語以外の異言語の価値を認める上でも複言語教育の意義を考える必要がある。

[西山教行]

多言語主義に開かれる学校

カナダ、フランス、ニューカレドニアでの体験から考える

エラレチアナ・ラザフィマンディンビマナナ

西山教行・訳

要　旨

　学校における教科学習はその社会に支配的な社会規範の学習をともなうもので、学校はそれを保証すると考えられている。したがって学校における「変化」はすべて秩序に反すると考えられている。単一言語イデオロギーによって作られた歴史に位置づけられる学校は、多言語主義という挑戦的な試みを導入するとき、「教育言語」と定められている「言語」以外の言語はさまざまな不安を生み出し、とりわけ国家の統一を乱し、言語の純粋性（実際のところ、それは存在しない）を汚すと考える。

　本論は、複言語能力を持ち、複数の移住体験を経た研究者が自分の人生や経験を振り返りつつ、多言語主義を多様な角度から、また自己省察を交えて分析する。

キーワード

多言語主義、複言語能力、フランス、カナダ、ニューカレドニア

序 [1)]

　「多言語主義に開かれる学校[2)]」というタイトルは、多言語主義がより
大きな価値を持つこと、あるいは少なくとも否定的な価値を持たないこと
をアプリオリに示している。歴史をみると、ヨーロッパの支配的なイデオ
ロギーはヨーロッパ諸国の開拓した植民地における多様な他者性の価値を
呪われたものと考えたり、人間にふさわしくないと考えていた。

　　　野蛮人たちはあるときは歌声を発していた。この単調でかすかに
　　　ふるえるような声、舌やあごをかみ合わせてとぎれとぎれに出すよ
　　　うな音を歌と呼ぶとすればの話だが。そこでは、女のかん高い声が
　　　男の口ごもった声を圧倒していた。　　　　　　(Garde, 2012 : 97) [3)]

　本論の主たる狙いは、多言語主義を社会的課題として捉えなおすことに
ある。これは二次的な課題に映るかもしれないが、多言語主義政策、なか
でも多言語教育政策の妥当性について考察をすすめるにあたり、多言語主
義が言語教授法にもまして重要な課題であることを強調するためである。
　本論では以下の三つの観点より考察を進める。1) 多言語主義という用
語とさまざまな視点、2) 多言語主義とレトリック、価値観ならびに脅威、
3) 他者性を強調する多言語主義。

1　多言語主義という用語とさまざまな視点

1.1　多言語主義、概念から教育研究へ

　多言語主義は二種類の言説によって構築されている。多言語主義を「複
言語主義」と比較すると、「多言語主義（状態）とは言語がモザイク状に
集まっているものだが、複言語主義（状態）とは複数言語話者の持つ特権
を示している」(North, 2012 : 12)。多言語主義はある領域のなかでの人々
の出会いを指すもので、これは話者の基盤を揺るがせる。多言語主義とは
「言語の共存状態」(Truchot, 1994 : 21; Robert, 2008) であり、「隣接する言

語」「接触する言語」を指すとともに「教育や学習」にも関わる。

　しかしながら、多言語主義は社会を構築する現象であることから、この名称が与えられている現象が実際に存在するか、所与のものか、政策か、戦略か、資源か、乗り越えるべき課題か、障害か、あるいは反対に権利であるかなど、考察の観点はひとつに定まっている訳ではない。ノルトは次のように力説する。「多言語主義とは、分析をすればよいといった、もはや単なる現実ではなく、所与の事実でもない。むしろこれは意思の問題であり、ひとつの挑戦的な試みである」(North, 2012 : 10)。本論はそのような教育の戦略的試みに関連する研究として、ひとつのコンテキストに埋め込まれた歩みをまず示し、それをもとに本論文の論点を明らかにしたい。

1.2　正しい見方と誤った見方

　この国際研究集会の論点には、「複言語主義（を倫理的に尊重し、それ）について多様な観点から議論する」とある。これを見て私は驚くと同時に安心も覚えた。というのも、19世紀以降の西欧世界において「科学としての学問」が生み出した客観性のなかで、このような視点は稀だからである。

　この小論は、私の複数回にわたる移動（マダガスカル、ケニア、カナダ、イギリス、フランス、ニューカレドニア）と言語科学の研究者としての歩みを結びつけることの妥当性を示すものである。個人的な体験や教育体験と、学術上の経験から生まれる成果を識別することはできないかもしれない。しかし多言語主義を分析するにあたり、言語を社会的な観点から把握するとともに、「社会を言語の観点から眺めてみる」(Razafimandimbimanana, 2008) ことをめざしたい。

2　多言語主義、レトリック、価値観、脅威

　多言語主義は他者性を強調するとの主張は、多言語主義という用語によってその用語以上の現実を伝えることになる。ここでノルトが京都での講演で語った「多言語主義はフランス語振興策の新たな化身か」(North,

2010）といった鋭い発言を思いおこし、考察を深めたい。

2.1 多言語主義は何の化身か

　多言語主義という用語について考えると、この用語は多義的で、この用語が使われている社会的条件との関連で意味が具体化することがわかる。多言語状態は、とくに私が通ったケニアやカナダの学校や、研究者として観察した学校において認められる。しかしながら多言語「プロジェクト」を中心に定めて活動をする社会において、言語の多元性や多様性は法的に承認されているものでもなく、また政策や学校がそれに向けて必ずしも整備されているものではない。

　ニューカレドニアを例にとると[4)]、この島は南太平洋における事実上の多言語社会で、1853 年にフランスに併合された。「言語帝国主義」（Vernaudon, 2013：114）が実践され、1970 年まで現地語が公的空間で禁止されていた。それ以降、1998 年のヌメア協定において多言語主義にもとづく脱植民地化が政治的旗印となった[5)]。ヌメア協定によりカナック諸語は「教育と文化の言語」として認められた。それにもかかわらず、ニューカレドニア人は、多言語状況を収奪した（新）植民地主義に対して厳しい批判の声を上げている。

　マルチアーティストで語り部、彫刻家のリカルド・ポイウィはみずからを「カナック人とフランス人の混血」と形容しながら、失われてしまったカナック諸語を語り継ぎ、「言語文化の伝達が行われるような空間を創出しよう」としている。ポイウィにとって、「（カナック諸語とは）進歩のために奪われた最も大切なもののひとつ」なのである。

　学校は子どもたちに多言語使用を伝達することがなかった。後になって、カナック諸語が学校で認められるようになると、それは標準化され、道具として整備が求められるようになった。しかしカナック諸語は歴史や地位、資源を担っているのであって、就学言語に比べられるものではない。

　カナック諸語の関係者や運動家であるアーティストに加えて、言語学を専門とする研究者も次のような「植民地」政策[6)]や植民地学校の存在を認めている。

ニューカレドニアでは原住民法[7)]の終わりから現在にいたるまで、単一言語主義を唱えるジャコバン・イデオロギー[8)]がなおも強い影響を与えている。ニューカレドニアの学校では支配言語（フランス語）こそ少数言語や価値を貶められた言語よりもはるかに価値があると考えられている。私たちはいま小学校1年生の学年でネンゴン語教育を普及する実験を行なっている[9)]。英語についてこのような実験は行なわれていない。残念なことに、このような実験を進めるためにはいつも「身分証を示さなければ」ならない。ニューカレドニアの学校は複言語能力を考慮するようになっているが、それでも学校は支配言語と被支配言語のダイグロシア関係を維持している。学校でどんな言語でも話してかまわないようになれば、複言語能力は有意義なものになると思う。

（フォブリス・ヴァカリ［太平洋の言語を研究する言語学者］

から著者に送られてきた2019年の私信より）

　学校は公教育の責務を担った機関としての信頼を失いつつあり、むしろ言語を破壊し、言語の価値を下げ、生徒の能力を開花させる場ではなくなっている。「学校では、［カナックの言語を話す］自分のことを恥ずべきものと教えられた」（Gorodey, 2005）。このような状況のなかで、多言語主義はニューカレドニアの教育プロジェクトとして公的なものでありながらも、包摂力のない学校のなかでは［フランス語普及の］「化身」に他ならない。

　多言語主義は言語的多様性や多元性が承認されていると信じさせるために提示されている。しかし多言語主義をめぐる私の体験をみると、皮肉なことに、多言語主義という現実は世界のいたるところで見られるにもかかわらず、フランスの学校ではほぼ抑圧されている。私はブルターニュ地方のリセに生徒として通い、サルト県の中学校やトゥールの中学校や高校では教師として働き、またヌメアでは研究者を務めた。地域や教育課程がどのようなものであれ、多言語主義は疑問視され、いずれもいかがわしいものを見るようなまなざしで見られてきた。ところが、前述のようにヨー

ロッパは少なくとも20世紀の終わりから言語的多様性や多元性を推進している。つまり多言語主義という概念は［実体の伴わない］レトリックとして化身の役割をさまざまな形で果たしている。

2.2　カナダにおける価値観としての多言語主義

　カナダの法令の条文や公文書、ならびに公的なイメージを調査すると、多言語主義がひとつの価値観に結びついていることがわかる。一方で、バイリンガリズムは連邦法に属している[10]。このことから、カナダという国はバイリンガリズムを狭い意味に、すなわちカナダの二つの公用語、つまり英語とフランス語でコミュニケーションをする能力（あるいはその事実）[11]と捉えていることがわかる。

　　　カナダにおける出身言語の支援は、公用語や現地語のケースのように法的議論の成果ではない。むしろこれは国益が広く理解されたことの成果なのである。（…）この分野に学習指導要領が導入されたのは、多言語主義に関して公的な場で議論が行われ、その知識が広まり、行政の決定が影響されたからである。

（McAndrew et Ciceri, 2003）

　いわゆる「現地」語から構成されている国内の多言語状況をみると、カナダにはおよそ60言語を数えることができる（2011年の統計による）。このような多言語話者は都市部にはほとんど居住していないものの、他の州の法制度ではごくわずかであるにせよ、考慮に入れられている。たとえばヌナブト準州[12]はカナダでただひとつ多言語主義（英語、フランス語、イヌイット語）を掲げている州である。「現地語」によって構成された多言語主義がどのようなものであれ、現地語は保護区のなかでその地域に属するものとみなされ、その結果、可視化されないままで管理され、監視されている。これと同時に、カナダはこれまで「現地語」の多言語主義を不可視化しようとする歴史を重ねてきた。カナダの多言語主義の歴史とは「先住民を文化や言語、家族から切り離すことによって子どものうちに殺戮す

る[13]」ことをめざす政策を展開してきた歴史なのである（Fidelman et Curtis, 2016）。

2.3 ケベック州で多言語主義は（いまだに）脅威か

　私は1990年代初頭にケベックに移住すると、ケベック州のフランス語化政策の枠組みにしたがって入門クラスに編入させられた[14]。言語的多様性や多元性は日常生活の現実であり、クラスは南米やカリブ、東南アジアからやってきた生徒から構成されており、国際社会のミニチュア版だった。ケベック州は移民に有利で好意的な政策をとっているが、これによって文化の「生き残り」を狙ってきたのである（Bouchard, 1995）。

　ケベックの学校に入学してから15年後に、私は博士論文を完成させるために、学校の入門クラスにもう一度行った。実際には多言語状態でありながらも、法的にはフランス語の単一言語主義である学校空間の中で複言語話者の移民の子どもが自己をどのように（再）構築しているのかを把握しようとした。アングロ・サクソン人に従う[15]という不安は他者の言語への不安へと拡がっていったようだった。生徒たちの作文を見ると、「異なる」文化のしるし（衣服、食物、言語など）を否定的な評価に結びつけていることが多い。多言語状態は心理的なスティグマの要素となり、ケベックのフランス語話者の生徒や複言語話者の移民の生徒などをみな不安定にしている（Razafimandimbimanana, 2008：472）。危険性は多言語状態を構成している言語にあるのではなく、言語の差異化が表象する社会的他者性にある。

　ケベックへの移住が認められた複言語話者にとって多言語主義が脅威となるとすれば、それは言語そのものに危険性があるのではなく、言語の捉え方のためである。同様に、言語的多元性や多様性と同時に、危機にさらされている言語文化の他者性は多くの人々のなかでアイデンティティの不安に関わる意識をも引き起こしている。

3 他者性を強調する多言語主義

　本章では、多言語主義の概念を主として社会象徴的観点から論じたい。もはや多言語主義をめぐる根本的問題は狭い意味での言語問題ではない。「さまざまな研究によって、我々は母語を使うことでよりよく学べること、また母語が別の言語の学習を準備し、補完することが判明した」（UNESCO, 2003：préface）。

3.1　学校と（複数の）言語規範

　言語は学校のとびらをあけてひとたび外に出ると、標準化の対象となる。しかしながら私は生徒として、また教師、研究者として複数回にわたる移住の経験から考えると、言語規範とは明らかに作られたものであることがわかった。

　　1) ケニア[16]では共通語としての英語を通じて多言語主義が日常生活にある。
　　2) ケベックではさまざまなフランス語の形態（フランスのフランス語、ケベックのフランス語、他のフランス語圏のフランス語）が規範となり、それがフランス語以外の多様な多言語使用を圧迫している。
　　3) フランス本土では単一の言語規範が言語的他者性を圧迫している。
　　4) ニューカレドニアでは多言語主義と単一の言語規範、フランス語の多様な形態が承認されようとして互いに格闘している。

　言語教育政策を策定するうえで、「どの言語を教えるのか」を決定すること（この考え方は、言語が絶対的で測定可能な価値を内包していることを前提とする）、「どのようなニーズ」に応えなければならないか（これは流動的な話者の態度に関わるもので、無限に解釈し直すことができる）、このような点を事前に決定することは課題ではない。むしろ「誰が」リソース（コ

ミュニケーションの道具や知識、異文化間に関するものの見方、新しい出会い
など）を利用できるようにしたいのかを決めることが課題である。

　学校という環境のなかでの言語リソースの活用を改めて考えるにあたり、
また学校が差別のない「万人のための」学校となることを望むのであれば、
学校に方策を与えなければならない。実際のところ、そのような方策は存
在する。「多元的アプローチ」[17]の実践はいかなる学校現場にあっても言
語の規範を単一にしたり、言語を選択したり、言語に階層をつけるもので
はない。「言語への目覚め活動」の考え方に従えば、児童生徒の持ってい
る言語を学校の内部へ組み入れるだけではなく、複言語主義を一つの教授
法とすることが大切である。

3.2　多言語主義の問題は「言語」ではなく、他者である

　私は子どものときにナイロビにあるイギリス型教育制度の学校に通って
いたために、多言語使用を「ふつうの生活」と考えており、「解決するこ
とが望ましい」とは考えていなかった（UNESCO, 2003 : 12）。その学校で
は誰もが違う言語を話していた。10歳か11歳になってケベックにやって
くると、多言語使用の規範の実践がたいへんだと思うようになった。多言
語状態は受け入れクラスでも、いわゆる「普通」クラスでもケベックでは
あたりまえの現実だった。しかしながら、教師や若者が社会的に価値があ
ると考える言語規範は、共通語としてのフランス語の実践に他ならず、そ
れもアイデンティティ言語としてのケベック・フランス語の使用だった。
フランス語至上主義はケベック州の独占ではない。ケベックのフランス語
話者は、［ケベック以外のカナダに住む］少数派のフランス語話者とは異な
り、［ケベックという］自分たちの土地では多数派を占めている。多言語主
義の問題は言語に関わるのではない。統合されたアインディティの感情を
脅かすものは、まさに承認や統合を求めて異なった探求を行う人々が存在
することなのである（Razafimandimbimanana, 2008）。

　また私は中等教育の一時期をフランスのブルターニュ地方[18]で過ごす
ことにもなった。フランスの学校で言語的他者性は「傷跡」のように受け
取られており、言語伝達の手法をみると、複言語能力や異文化間能力に関

して何ひとつ希望を抱かせるものはなかった。私はフランスの学校でイマージョン教育を体験したが[19]、それは多くの点で人間疎外を生み出すものだった。学校は言語的他者性に反しているだけではなく、言語的他者性を考えることにも反していた。「フランス語の学習指導要領はフランス語の単一言語話者の生徒を理想としている」（Bigot *et al.*, 2014：830）。

　フランスの大学で学ぶなかで、多言語主義の歴史や単一言語主義のイデオロギーはさまざまな時代や土地に展開していることを知ったが、それとともに、この課題がこのイデオロギーを押しつけられた人々によってほとんど語られていないこともわかった。

4　結論、将来に向けた考察

　多言語主義の概念は体験のレベルだけでなく、社会象徴的レベルにおいてもさまざまな「実態」を指し示している。多言語主義は人々の眉をひそめさせる傾向にある。しかし人々を困惑させるのは言語の多元性や多様性ではなく、より正確に言うならば、言語的他者性に向き合うことなのである。

　多言語主義に開かれた学校を作るのは、学校を規定するのが規範であると考えることでもなければ、学校が観念的に作りあげた産物を規範に仕立てあげることでもない。多言語主義にみずからを開くのは学校ではない。むしろ多言語主義こそが学校を開かれたものにするのである。

　では多言語主義という教育プロジェクトを学校に定着させることはできるだろうか。多言語主義の学校とはそもそも学校の内外の暮らしを言語によってつなぐものである（Hélot, 2007）。グローバル社会において日本での多言語化する学校はどのような教育プロジェクトの象徴となるだろうか。

注

1) 私は西山教行教授に深い感謝のことばを伝えたい。西山教授がこの国際研究集会を開催してくださったことから、今回の出会いが可能になったのである。
2) 訳注：本論はmultilinguismeという用語とその意義をめぐり考察を進めるが、これは「多言語主義」だけではなく「多言語使用」「多言語状態」などを指す。

3) 訳注：フランソワ・ガルド（1959～）はニューカレドニアやレユニオンに高級官僚として派遣され海外県の行政に従事したのち、小説 *Ce qui advient du sauvage blanc*（『白人の野蛮人に起こったこと』）（2012）等を発表した。ゴンクール最優秀新人賞を受賞したこの小説は、19世紀末のオーストラリアに難破した若いフランス人の船乗りがアボリジニ社会のなかで17年にわたり生活し、フランス語やフランス人の習慣を失い野蛮人のようになり、そこから再び文明社会に戻ることの困難を描いている。ここでの野蛮人の描写は19世紀末のフランス人の表象である。

4) 訳注：ニューカレドニアはフランス共和国に属する特別共同体でフランス語を公用語とするが、先住民カナックの言語が28言語以上存在する。

5) 訳注：ヌメア協定とは、ニューカレドニアの自治権や独立問題をめぐる文書で、1998年にフランス政府とカナック社会民族解放戦線、独立反対派の共和国カレドニア連合の間でかわされた。

6) 訳注：ニューカレドニアは1944年までフランスの植民地であったが、1944年から法的には植民地ではなく、カナックもフランスの市民権を獲得している。しかし独立派はニューカレドニアが依然としてフランスの植民地であると認識し、フランスからの独立を要求している。

7) 訳注：原住民法とは植民地時代の1887年にニューカレドニアに施行された法制度で、「原住民」と認定された人々は居住地の自由や政治的自由を奪われた。この法制度は1944年に廃止された。

8) 訳注：フランス大革命のジャコバン党を起源とする政治思想で、中央集権や少数エリートによる支配などを特徴とする。

9) 訳注：ネンゴン語はカナックの言語のひとつで、ニューカレドニアでは幼稚園からリセまでの教育課程で教育され、1992年からバカロレア（高校卒業大学入学資格試験）の選択科目となっている。

10) 訳注：カナダ連邦は英語とフランス語の二言語を公用語としており、連邦の公務員などになるには二言語を習得する必要があるが、英仏の二言語を習得するカナダ人は人口の17.9％にすぎない（2016年のデータによる）。

11) « Bilinguisme ». Encyclopédie canadienne, 2015. 〈https://www.thecanadianency-clopedia.ca/fr/article/bilinguisme〉

12) 訳注：ヌナブト準州はカナダ北部に位置し、北極諸島の大部分を含み、イヌイットが全人口3.5万人のうち83.6％を占める。

13) les écoles résidentielles については以下を参照。https://medium.com/@montreal-gazette/beyond-grief-an-innu-community-s-stories-350d32460cde　訳注：カナダ各地ではカトリック教会の経営してきた先住民向けの学校で19世紀から1990年代にいたるまで、先住民の子どもたちが出身民族の言語文化から切り離され虐待を受け、虐殺されてきた。この事件は2021年に改めて広く知られるようになった。

14) 訳注：ケベックはカナダで唯一のフランス語のみを公用語とする州であり、移民にはフランス語能力が求められる。フランス語を話さない移民の子どもは入門クラスで

フランス語の読み書きを学び、フランス語を習得した後に普通クラスに編入する。

15）訳注：ケベックでは長いあいだイギリス系カナダ人が社会を支配してきたため、フランス語系カナダ人は不満を感じながらもイギリス系カナダ人に従属せざるを得なかった。

16）訳注：ケニアの公用語はスワヒリ語と英語であり、国語はスワヒリ語であるが、それ以外にも 60 以上の民族語が存在する。

17）訳注：「多元的アプローチ」とは複言語教育の一環として考案された教授法で、「言語への目覚め活動」「隣接言語の相互理解教育」「統合型教授法」「異文化間教育」から構成されている。

18）訳注：ブルターニュ地方には地域語のひとつでケルト語系のブルトン語（ブレスト語）が存在するが、1950 年代までフランス語単一言語主義のために抑圧されてきた。

19）訳注：ここでのイマージョン教育とはフランス語による教科教育を指している。

学習のヒント

・ニューカレドニアにはどのような民族が暮らし、どのような言語を使っていますか。住民はみなフランス語を話すのでしょうか。

・カナダの言語事情について調べてみましょう。カナダは連邦国家で英語とフランス語を公用語としていますが、カナダ人はみなバイリンガルでしょうか。

・学校で英語などの外国語教育を実践すれば、多言語主義を実現することができるでしょうか。

参考文献

ラザフィマンディンビマナナ，エラレチアナ（2022）（西山教行訳）「学校は多言語主義を受容するか──カナダ、フランス、ニューカレドニアの体験から考える」*L'Arche*, 29 号．明治大学大学院仏語仏文学研究会（これは本書に収録の論文の増補版である）

Bigot, V., Maillard, N. et Kouame, J-M. (2014) « Les enseignants face à la diversité des répertoires et culturels des élèves : représentations en tension ». Congrès Mondial de Linguistique Française. DOI : http://dx.doi.org/10.1051/shsconf/20140801385

Bouchard, G. (1995) « Le Québec comme collectivité neuve. Le refus de l'américanité dans le discours de la survivance ». Dans Lamonde, Y. et Bouchard, G. (dirs.) *Québécois et Américains. La culture québécoise aux XIXe et XXe siècles*. Québec, Fides ; 15-60.

Fidelman, C. et Curtis, C. (2016) «Beyond Grief : An Innu Community's stories ». *Mont-*

real Gazette, 13 mars 2016.

Garde, F. (2012) *Ce qu'il advint du sauvage blanc*. Paris : Gallimard.

Gorodey, D. (2005) « Discours d'ouverture au 17ème colloque CORAIL ». Dans V. Fillol et J. Vernaudon (dirs.) *Stéréotypes et représentations en Océanie*. Actes du 17e Colloque CORAIL. Nouméa : Corail ; 13-15.

Hélot, C. (2007) *Du bilinguisme en famille au plurilinguisme à l'école*. Paris : L'Harmattan.

McAndrew, M. et Ciceri, C. (2003) « L'enseignement des langues d'origine au Canada : réalités et débats ». *Revue Européenne des Migrations Internationales*, 1 ; vol. 19.

North, X. (2010) « Le multilinguisme : nouvel avatar d'une politique de promotion du français ». Conférence, Kyoto University International Conference, Plurilinguisme et pluriculturalisme : l'enseignement du français en Asie de l'Est et dans le monde.

North, X. (2012) « Organiser la coexistence des langues ». *Culture et recherche*, 124 ; 10-11.

Razafimandimbimanana, E. (2008) Langues, représentations et intersubjectivités plurielles : une recherche ethno-sociolinguistique située avec des enfants migrants plurilingues en classe d'accueil à Montréal, Thèse de doctorat, soutenue, Rennes : Université de Haute Bretagne. 〈https://tel.archives-ouvertes.fr/tel-00306026/document〉 (2018 年 9 月 5 日参照)

Robert, J-P. (2008) *Dictionnaire pratique de didactique du FLE*. Paris : Ophrys.

Truchot, C. (éd) (1994) *Le plurilinguisme européen*. Paris : Honoré Champion.

UNESCO (2003) « L'Éducation dans un monde multilingue : document cadre de l'UNESCO ».

Vernaudon, J. (2013) « L'enseignement des langues kanak en Nouvelle-Calédonie ». *Hermès*, 64 ; 112-118.

フランスにおける移民の子どもの受け入れ

バイリンガリズム（複言語主義）の承認と発展を目指す学校のために

ナタリー・オジェ

大山万容・訳

要　旨

　本論文ではまず、1970年代以降のフランスにおける移民の子どもの受け入れと就学に関して、歴史的指標となるいくつかの重要な展開を振り返る。受け入れ当初は、学校と児童生徒の言語は分断されていた。しかし2000年代以降の教育政策では、学習者の言語とそれまでの経験を考慮しつつ、移民の子どもを普通学級に包摂することが提案されている。そこで移民の児童生徒のバイリンガリズム（複言語使用）能力を承認し、発展させるための学校になることが必要になる。本論文ではそこに焦点を当てた制度的方策に関する研究プロジェクトを紹介する。

　中でも、学校の内部空間と外部空間を接続させるもの、すなわち、言語の共同構築、さらには子どもたちの学習を構築するために、インフォーマルな教育とフォーマルな教育空間とを結びつける研究について論じる。

　過去20年にわたり、フランス、ヨーロッパでは重要な質的研究が現れ、そこからさまざまな文脈での複言語主義と規範の多元性を考慮に入れた新しい教育の提案が行われた。これらは日本のように移民の受け入れがまさに喫緊の問題である状況で、活発な議論の対象となりうるだろう。

キーワード

フランスにおける移民の子ども、バイリンガリズム（複言語主義）、制度的考察

1 フランスにおける移民の子どもの受容
──これまでの歴史的プロセス

　フランスの移民の子どもの受け入れに関して、いくつかの重要な歴史的出来事を振り返ることにより、児童生徒の言語や経験を教育課程に組み入れることを通じた包摂の度合いを評価することができる。このような振り返りによって、フランスの学校がバイリンガリズム（複言語主義）の発展をどの程度まで促進するかについて理解を深めることができる。本論文は、（ブルターニュ地方やオクシタニア[1]などの）地域言語や、（ヨーロッパ言語や東洋語[2]などの）2つの現代語を平等に用いて授業を提供するフランスの学校、あるいは歴史・地理、物理学などの特定の授業をフランス語以外の言語で提供する学校については言及しない。ここでは主として移民の児童生徒に焦点を当てる。フランスにおけるこれまでの経験は、実際、移民やその子どもをますます受け入れ、かつ学校における多言語主義を問題視している日本の状況と比較して考えるとき、一助になるのではと考える。

1.1　隔離された教室、言語、地域──相乗効果のないバイリンガル環境

　フランスでは、1970年代に（特に家族呼び寄せ制度[3]により）移民とその子どもの大規模な流入が見られた。これらの子どもを最初に迎え入れた教室は、特にパリのような大都市の周辺部にあるスラム街に置かれていた。この段階では、こうした子どもを他の学校機関に包摂することや、彼らの複言語・複文化能力を発展させるために母言語や母文化を受け入れることは意識されていない。それは、これらの児童生徒の教育に関するさまざまな政府通達や、Auger（2010）、Auger（2019）、Galligani（2012）等の文献を検討すれば明らかである。これらの児童生徒はフランス政府から見れば、出身国に帰国することが見込まれる「外国人」あるいは「移民」だったのである。これにより、学校への包摂がなされないこと、より具体的には子どもの多言語使用を承認するような教室実践が生じなかったことは、部分的には説明できる。

　2002年の政府文書まで、これら移民の児童生徒を迎え入れる学校は、

ほとんどが教育優先地域（ZEP）[4]にあり、1975年に設立された「移民の子どもの教育のための養成および情報センター」（CEFISEM）の援助を受けていた。CEFISEMは移民の子どもを、その子どもが住む地区の学校に編入することを目的とした組織である。そこで移民の子どものゲットー化（Goi et Bruggeman, 2015）が生じていたことは明白であった。移民の子どもは1年または2年の間、「受け入れ教室」に編入されたが、そこにいる間は同年齢の普通学級の児童生徒とは交流できないため、それはしばしば閉鎖的環境となった。これらの教室は時期によって「受け入れ教室」や「統合補習教室」と呼ばれた。

1.2 2012年以降、教室の中での包摂に向けて

　2002年の国民教育省の通達により、移民の子どもを貧困地域から切り離すことを目的として、CEFISEMは「ニューカマーおよびロマの子どもたちの就学のための教育センター」（CASNAV）に改組された。実際、この改組以降は、市内中心部の学校も移民の児童生徒を受け入れるようになったが、受け入れ教室は普通学級とは常に隔離されていた。2012年の通達はさらに一歩踏み込んだ。移民の児童生徒が1年から18か月にわたって移民のみで構成される閉鎖された教室にとどまらないようにするために、包摂の原則が設定されたのである。すなわち、移民の児童生徒は学校にいる半分の時間は移民の子どもの教室にいるが、残りの半分の時間は同年齢の普通学級にいることが定められた。たとえフランス語が初心者レベルであったとしても目標を持てるように、別の言語を使ってもよい科目では、同年齢の通常の授業に参加する。すなわち（身体言語を用いる）図工・美術やスポーツ、（コンピューター言語を用いる）技術、（具体的操作を伴う）数学や生命・地学、地理、物理化学、また、（特に移民の子どもが既に別の言語を知っていたり、前の学校で学習している場合には）外国語の科目である。そのようにして少しずつ進み、1年から18か月後には、児童生徒がすべての科目を普通学級で受けるようにしたのである。

2 児童生徒の言語と経験

　近年のフランスにおいて包摂に向けて発展した制度での教育実践を見ると、二つの異なる時期があることがわかる。一つ目は、この制度が作られた時点で、そこでは移民の児童生徒の言語や経験が学校の「外に置かれて」いた。二つ目は、この15年間に始まったもので、そこでは移民の児童生徒の言語と経験は教室のリソースであることが明言されている。

2.1 学校の外に置かれる子どもの言語と経験

　約50年前、フランスで移民の子どもの就学が始まった時代には、児童生徒の言語や文化は、子どもの両親の出身国（ポルトガル、スペイン、モロッコなど）との二国間共同で、「出身言語文化教育」（ELCO）という枠組みの中で教授されていた。ELCOの目的は、子どもが家庭言語で授業を受けることによって、親の出身国への帰国に備えることであったが、フランス生まれの子どもにとっては、親の出身国はしばしば、自分の出身国とは言えないものであった。これらの授業は、学校外で、学校のカリキュラムとは別に行われており、出身言語能力の評価は、子どもの学校での成績表には含まれなかった。つまり、こうした複数言語能力は価値づけられてはいなかったのである。その結果、こうした仕組みは、Heller（1996）が表現したように、一つの言語実践に対して、まったく異なる2つのパイプを通すようなもので、バイリンガリズム（複言語主義）を発展させる学校にはまるで貢献しないものであった。

2.2 教室の中で考慮される言語と経験

　2002年の通達は、移民の子どもの言語と過去の経験とを考慮する必要性を示した。この点は2012年の通達でも確認されている。通達が示すのは、「フランスの学校制度または他国の教育制度の異なる教育領域において、フランス語または他の言語を通して習得されたスキル」を考慮に入れようとの、確固たる考え方である。通達には、「ここで肝心なのは、教育支援の重要な拠点が構築できることである」とあり、このように考えるこ

とによって、子どもの以前の学校体験を教室内で利用することができると述べられている。国民教育省の文書は、学校が家庭言語の教育を目標とするのではなく、フランス語能力と教科内容の獲得のためのリソースとして、家庭言語を利用することが有意義であることに注意を向けるものである。学校は明確に構造化された目標に従って複言語能力を承認し、子どもが以前に知りえた言語を価値づけることによって、それらを発展させるべきなのだ。

　ただし、こうしたことばは弾力的に運用されなくてはならない。移民の子どもを迎え入れる学校や教室は、例えば地域言語の場合のように、二言語による読み書き教育は提供していない。移民の子どもの言語をリソースとして認識し、使用することで、自分たちの学校が二言語あるいは多言語の文脈に置かれていることを確認することはできる。とはいっても、教育実践において複数言語を使用できるのは、一定の範囲に限られる（多くの場合、学習をより迅速に進めるために子どもが既に知っている言語を使用するなど、それが有用である範囲にとどまる）。したがって、学校のカリキュラムの目的は、就学言語と家庭言語とを同時に発展させることではないことを思い出す必要がある。さらに、研究（Auger et Cadet, 2016、Auger, 2019）によれば、ほとんどの教師は、言語学習においてもそれ以外の教科学習においても、子どもが自分の言語や経験において持つ「専門知識」を、新しい知識の共同構築のための踏み台として使用しようとはしない。その原因としては、単一言語主義のイデオロギーや、複数の言語が混ざることへの恐れ、未知の言語に対する教師自身の言語的不安、教師として教室内で生じることをなんでも知っており、評価もできなくてはならないとの職業上の態度があり、そのために自分ではなく子どもの方が「専門家」であるとかえって気後れを感じてしまうといった、さまざまな要因が挙げられる。

　こうした落とし穴はこれまでに何度も特定され、記述されているもので、過去20年間に、数多くの具体的なツールや実践可能な研修ツールが現れている。こうした多数の研究の中には、例えばヨーロッパでは*Comparons nos langues*[5]、Combat+[6]、LGIDF[7]、Maledive[8]、EDINA[9]、カナダでは*I am plurilingual! Je suis plurilingue*[10]、アメリカではSKILLS[11]、

Garcia[12) といった例が挙げられる。これらは総体として、包括的ではないにせよ、教室で行えるさまざまな実践例を提供するものである。こうしたプロジェクト研究はすべて、1970年から1980年にかけて、ヨーロッパのLüdi et Py（1986）やカナダのCummins（1976, 2001）をはじめとする研究者らによって理論的に明らかにされ、さらにCoste, Moore et Zarate（1997）により「複言語・異文化間能力」の定義で強調されることになった原則に基づいている。ここで、こうした理論的方向性（これは例えば、脳機能イメージング技術を使うことによって精緻化され、確認されている）にしても、実践可能な教室活動にしても、いずれも決して新しいものではないことに注意したい。これらは、古典的と言ってもよい（理論では50年以上、実践では20年以上の歴史があるためだ）。

　しかし、言語や教育文化に関する表象（Beacco, Chiss, Cicurel et Véronique, 2005）、そして教育をめぐる議論、さらに一般化すれば、フランスでの論争の的であり、メディアの格好のネタともなっている移民に関する表象は、非常に重いもので、こうした研究に目を向ける余地をほとんど残さない。未来の教師を教員採用試験によって選別するフランスを含め、多くの国での教員養成も、こうした問題を取り扱うのに必要な余裕を持たない。現職教員研修も量的に非常に限られたものでしかなく、ここで論じているような実践の概要を説明することしかできないのが現状である。

　最後に、本論文では、多数の研究に既に詳細に記述されているこうした教育実践に立ち戻るのではなく（それらは参考文献リストにある）、フランスのみならず、より広く、世界中にいる移民の子どもの受容にとって同じく中心的課題となる、構造的問題に取り組む実践や研究について述べたい。

3　バイリンガリズム（複言語主義）を承認し発展させるために学校で実施される制度レベルの研究

　移民の子どもを受け入れ、バイリンガリズムを承認し発展させようとするフランスの学校がかかえる課題を特定し、その再構成を試みる研究として、次の3つのタイプがある。この考察は、他の文脈で制度レベルでの類

似した研究を行う場合にも、大きく示唆を与える可能性がある。

　第一のタイプの研究は、学校の内的空間と外的空間とを関連付けることを目指すものである。言い換えると、子どもの持つ言語を共同で構築したり、より広く学習に関わるような、インフォーマルな教育空間とフォーマルな教育空間を（潜在的にも顕在的にも）結びつけることに焦点を当てる。ここでは2つの例を挙げたい。

　一つは保護者を学校に包摂するプロジェクトで、もう一つは学校外で親や子どもを受け入れる団体と学校とをつなぐ道を拓いていくプロジェクトである。第二のタイプの研究は、こうしたフォーマル・インフォーマルな教育をつなぐ機能の分析の次にくるもので、美術館など、文化遺産と出会える場所に目を向けるものである。実際、こうした場所に通うことで、例えば遊びやスポーツなどを通して支援をしようとする団体などで常にできるわけではない知的文化を子どもが獲得することができ、またそれを望む教師はますます増えている（Galisson, 1991）。したがって、移民の子どもを迎える学校の制度的側面について考察するにあたり、こうしたタイプの場所について論じることは有意義である。第三のタイプの研究は、幼稚園から高校まで続く学校教育の中での、連続性を強めるプロジェクトである。それによって、子どもの年齢によらず、学校が子どものバイリンガリズム（複言語主義）を承認し、発展させることを視野に入れた感受性と教育活動とをどのように開発できるかについて、より良く理解できる。

3.1　フォーマルな教育とインフォーマルな教育をつなぐ

3.1.1　学校と家庭をつなぐ

　フランスのBILEM（「バイリンガリズムと幼稚園」）プロジェクト[13]は、学校と保護者とのきわめて重要なつながりを示すのに最適な例であろう。このプロジェクトは、幼稚園での保護者の受け入れに重要な役割を果たしている。まず教育制度の仕組みや規則をわかりやすく解説した小冊子が、保護者が話すさまざまな言語で用意されている。親との面談に際して教師の助けになるようなファイルも提供されている。さらに、親が自宅で自分の言語を話し続けることを助けるような説明があり、これによって保護者

の言語的不安を取り去り、バイリンガリズムを解消すべき「問題」として抱えこまずに済むよう、働きかけている。こうした情報は、子どもの受け入れに関してだけではなく、校外活動やプライバシー権について、また面談、保護者会などのお知らせも多言語で提供されており、教師と子どもの家庭とのコミュニケーションにも役立っている。

　次に、ロマの家族を包摂することを目的としているRomtelsプロジェクト[14]がある。ロマは一般のステレオタイプやメディアによっても、スティグマ化（場合によっては自己スティグマ化）を受けている。このプロジェクトでは、ロマの家族に対し、展示企画の一環として、「連合」を作り上げることを（口頭または、可能な場合には書面で）依頼した。彼らだけが持つ知識を活用した結果、次のことが観察された。プロジェクト期間に子どもの登校率が向上し、教師と保護者の間だけでなく、教師と児童生徒の間でも、コミュニケーションの質が大きく向上した。各自が自分に課せられた任務に対して正当な立場を持ち、有用で、かつ責任があると感じたのである。

　フランスではさらに他のツールも登場している。学校長や理事らにより提案された、「親たちの学校」の立ち上げである。既存のツールに「学校を親に開かれたものへ」という、移民の子どもの親にフランス語のレッスンを提供するものもあるが、これはそれとは異なっている。「親たちの学校」は2017年にできたもので、フランス語の知識（会話、読み、書き）、共和国の価値に関する知識と、それがフランス社会でどのように実現されるかについての知識、児童生徒や保護者に対する学校の機能や期待に関する知識を習得してもらうことを目的にしている。こうした試みの結果は、質的にはかなり不均質である。両親の中には、自分の子どもの教師に（教師が同じ場合）自分も教えてもらうことを非常に不快に思う人もいれば、まったく逆に、コミュニケーションをとる良い機会だと思う人もいるのだ。

　「親たちの学校」は、保護者に対する学校の「開放」（ここには既に学校が閉鎖された空間であるとの前提がある）ではなく、保護者によって共同管理される学校を意味している。この場合、彼らは教師と同様に、また教育行為に関与するカナダの有名な三者教育システム[15]において保護者がそ

うであるように、行為者でもある。「親たちの学校」は、保護者に自分の子どもたちを、学校とともに共同で教育する場を提供する。毎回のテーマ学習、例えばフランスで移住をテーマとする場合であれば、両親は自分たちのたどってきた地理的ルート（国、地域、都市、村）を提供し、それを地理の授業（世界、フランス、気候、地形、鉄道網、道路網）、言語の授業（外国語、地域語、方言アクセント）と結びつけることができる。このプロジェクトにより、すべての行為者、すなわち親と教師がお互いをより良く知ることができ、インフォーマルな経験とフォーマルな知識とを結びつけ、とりわけ、学習をする理由を与えることができた。子どもたちは、学校で教えられるプログラムの関心や意味についてより良く理解し、その結果、彼らは学校で学んだ知識をより良く保持することができた。また、親は、子どもが教えられている教科と知識についてより把握できるようになり、フランス語または家庭言語で子どもたちとより多く話すことができた。教師と保護者の間では信頼関係が強まったが、これは 2017 年にフランスの国民教育大臣が設立した「信頼できる学校のための法律（la Loi pour l'école de la confiance)」が推奨することと一致する。こうした結果が生じたのは、このプロジェクトを成し遂げるために、それぞれが自分を正当な参加者として感じながら、具体的な実践を行いつつ学んだからである。

3.1.2　学校と地域コミュニティをつなぐ

　構造的な結びつけに必要な第二のものは、民間の支援団体と学校とのつながりである。多くの支援団体が、移民の子どもを迎え入れて宿題をするのを手伝うのに加えて、遊びやスポーツ、アート活動を提供している。子どもの家族についても同様で、多くの場合子どもの母親が、フランス語のレッスンを受けたり、作文や歌のワークショップを受講している。ここで問題となるのは、こうした団体と学校の結びつきをどのように編成するか、少なくとも、子どもとその家族に提供される学習／実践を一貫させるにはどうすべきか、という点である。筆者の勤務するポール・ヴァレリー・モンペリエ第 3 大学に置かれる欧州プロジェクト SIRIUS は、欧州委員会の支援を受け、移民と教育の分野におけるヨーロッパの専門家、特に政策決

定者や、研究者、教育実践者、移民コミュニティの代表者を集結させている。SIRIUSは、移民出身の児童生徒が、移民ではない同級生と同じ教育水準に到達するのを助けるために知識を伝達し、政治的な展開にも影響を与えている。欧州の加盟国は、それぞれの行動テーマを選ぶことができる。フランスでは、フォーマルな環境とインフォーマルな環境の間につながりがなく、またバイリンガリズム（複言語主義）についての知識のレベルが低いことを受けて、これをテーマとして取り組むことを選択した。そこでまず移民家族の受け入れに強く関わっている一つの団体を拠点として、まずはその地域、次にその支援団体から別の支援団体、さらに学校へとつなげた「学習の基盤」を編成するべく、「スター型ネットワーク」での仕事を行っている。

　この「学習の基盤」という用語のもとにある考え方は、我々は学校にいる間や、いわゆる教育を受けている時間だけでなく、あらゆる場所で、あらゆる年齢において、さまざまな方法と社会的モード（勉強、余暇、家族、友だちグループ、意思を主張する行動）を通して学んでいる、というものである。理想的な学習の基盤とは、インフォーマルなものもフォーマルなものも含め、さまざまな教育機会を提供するだけでなく、それらを接続させるものだ。この点で、モンペリエのある地域でのSIRIUSの介入を取り上げたい。ここでは言語・文化に関して具体的な介入をするとき、この地域に既にある方策に集中する。すなわち、地域内で、学校や団体、社会集団や公的機関など教育集団のさまざまな関係者を巻き込んで、協働プロジェクトを考案する。例を挙げると、（場合によって複言語を使った）ことば遊び（例えば、さまざまな言語の本の朗読、多言語での歌や文章のワークショップ、演劇のワークショップなど）を開発して近隣のさまざまな教育支援者に広めたり、課外活動や幼児教育、育児支援の一環として、言語を活かした学びの活動を開催したりする。さまざまな提案や小規模の企画を試行するため、全国的な催し（「学校での言語週間」など）や、地域団体が実施する催し（「言語祭り」や「小さい子ども週間」など）を利用することもある。また、協力者どうしの関わりや研究と現場の間のやりとりを促進するために、既存の手段に加えて、複数の「スイッチ」を使っている。その一つとして、

大学の第二言語習得分野の修士課程では、こうした団体によって既に開発された教材やアプローチ、遊びなどを試用し、既存の言語スキルを参照しつつ、それを理論的に解明する、という教育を行っている。さらに、ソーシャルワーカーと教師を含む、言語問題に関わるボランティアのトレーニングを共同で行っている（それぞれのボランティア研修は、この共同研修がなければ、非常に異なったもので、かつ分断されている）。このタイプのツールによって、協力者がさまざまな領域に属していることが理解できる。すなわち国民教育や学校（課内および課外活動）、支援団体や組織、社会編入、移民の受け入れや語学教育を行う「みんなの家」やメディアライブラリ、劇場などの文化施設である。

　この文化施設とは、劇場や美術館が対象となる。ここから、学校の外にある高級文化の場（Galisson, 1991）と、移民の子どもを受け入れるバイリンガル／多言語化する学校において、それが学校での勉強に与える影響について考察することにしたい。

3.2　学校の外にある高級文化とつなぐ──美術館の事例

　ここでは例として、欧州委員会による助成を受けた上述のプロジェクト、Romtelsを取り上げたい。このプロジェクトには複数の目的があった。そのうちの一つがロマを含む移民の子どもに美術館を介して高級文化へのアクセスを提供し、家族を取り入れることで学習支援を強化することである（これは既に学校と家庭の結びつきの強化に関する 3.1.1 で論じた）。具体的には、子どもたちは美術館で海洋を描いた絵画を見つけ、まずはそれを見ながら自分たちの家庭言語でアートについて口頭で説明し、次にフランス語でも説明して、新しい就学言語の能力を発達させる。これと同時に、美術館を通じて、彼らは自分たちの住む街をこれまでとは異なる仕方で発見できた。すなわち画家の視点を通したセート（フランス南部オクシタニー地域にある地中海に面した街）の新しい場所や、作品が描かれたときを通してこの街がかつて生きた別の時代に近づくことができた。第二段階では、子どもたちは両親の助けを借りて、美術品の展示解説を、家庭言語とフランス語に翻訳した。さらに美術館で両親のための多言語ガイドつきツアーに

参加した。ここで友だちや両親のための翻訳者の役割から、美術館の多言語ガイド／キュレーターになったわけである。このように子どもたちは美術に関する議論を構築しながら作品を解説し、これによって高級文化の知識を身につけることができた。このプロジェクトをさらに中学校での言語多様性にもつなげるため、教師や保護者、その他の生徒に依頼して、展示解説を他の既習言語または学習中の言語（英語、スペイン語、ドイツ語、ラテン語など）へと翻訳した。その施設では22の言語に翻訳することができた。最終段階として、児童生徒の作成による多言語美術館カタログの制作や、20以上の言語を用いた作品紹介の夕べや、多言語訪問日を設定することが計画されている。

　高級文化と学校文化は、密接に関係しているとはいえ、完全に同等なものではないが、そこに必要な言語能力や学術領域に関する能力は共通のものである。このため学校教育と高級文化を担う施設との関係を発展させることは重要なのだ。

3.3　学校どうしをつなぐ

　家庭、支援団体、文化施設など、学校の外でつなぐことのできる関係についての考察に引き続いて、移民の子どもを受け入れる多言語学校が児童生徒に提供する教育の連続性について考察したい。

　OECDによるPISA調査（2015）によれば、EUの加盟国全体で15歳の若者の10人に1人（若者の9％）が、家庭では就学言語と異なる言語を話している。実際、ヨーロッパの学校では言語と文化の多様性が増加している。それらは学校での学習と教育のリソースである一方、脅威または負担と見なされることが多い。児童生徒が、日常言語と学術言語の両方で、またすべての科目で就学言語を十分に使いこなせるためには、支援は不可欠である。これが、幼稚園から高校まで、さらには大学も含めて、語学教師だけでなく、すべての教師に、多言語／多尺度アプローチが重要である理由である。絶えず変化する世界では、すべての教師にとって、児童生徒や既にあるコミュニティ、そして家庭が持つ異なる言語や言語使用、判断基準を考慮することは有益である。欧州のプロジェクトLISTIAC（言語に敏

感な教育）は、いくつかの段階で教育改革を行うことを目的としている。教職課程の学生または教員研修を受ける教師を主たる対象として、教科教育や、さらには教室において、一般の教室実践だけでなく表象や態度についても言語領域への意識を向上させるために、理論的でも実践的でもあるような考察のためのツールを教師と協働で開発・実用化している。目標は、これらのアプローチ（上述のMaledive や Conbat ＋、Marille などを参照）を、学校コミュニティ全体（国民教育者全体、教育視学官、教員養成者、教育指導主事）に周知させるための教育に関する省察ツールを考案することである。このプロジェクトに積極的に参加すること自体が、教員養成者自身が言語や言語使用、教育に関する表象を意識化させ、単一言語から複数言語へとパラダイムを変える重要な機会となる。これにより、児童生徒のリソースを肯定的に見ることができれば、幼稚園から高校まで、学校の成績や卒業率を改善させることができる。教師が生涯養成を受けるならば、移民を含む子どもたちは常に一貫した教授法を提供され、バイリンガリズム（多言語主義）を促進する学校で、バイリンガリズム（複言語主義）の実践的な能力を探求し、開発することができる。

4 移民の子どもが役割を持つことができるような バイリンガル（複言語主義）学校のための考察とモデル化

ヨーロッパ、特にフランスの学校制度を、家庭言語（移民の言語や地域語）を含む多言語および多文化の空間として捉えられるようになったのは、比較的最近のことである。欧州評議会と欧州委員会は近年、すべての言語や文化を平等に扱うことを推奨している。さらに、話者の中の言語発達に関する（認知科学、言語科学、言語教育学における）知識は、異文化間教育を含む言語教育という新しい視点を開くものである。過去 20 年にわたって、フランスやヨーロッパでは質的研究が行われ、さまざまな文脈での多言語化と多元性を考慮した新しい教育提案が生まれている。これらの学習状況は、共通して、フランスでの移民の子どもの受け入れに有利な教育実践や言語の価値に関わる表象を備えており、複言語主義の認識と発展を目

指す学校の構想を可能にするものである。これらは日本のように移民の受け入れがまさに今の問題である状況でも、活発な議論の的となりうるだろう。

注
1) 訳注：南フランスにおいてオック語が話される地域の総称。
2) 訳注：おおむねイタリアより東の中東を含む各地で話されている言語を指す。
3) 訳注：フランスで就労する外国人移民が配偶者や子どもを出身国から呼び寄せることのできる制度で、1974 年に設置された。
4) 訳注：1981 年からフランス国民教育省が制定した地域で、教育や社会福祉について、補足的措置をとる必要があると認めた地域。
5) https://www.youtube.com/watch?v=_ZlBiAoMTBo（フランスの多言語環境にある学校で、子どもの言語を包摂する授業実践がよくわかる動画。「私たちの言語を比べよう」フランス語で利用できる。）
6) http://conbat.ecml.at/（ヨーロッパ現代語センターのサイト「コンテンツベースの指導と複言語・複文化意識」。英語とフランス語で利用できる。）さらに Auger et Kervran（2011）も参照。
7) http://www.lgidf.cnrs.fr/（フランス語のサイト「イル＝ド＝フランスの諸言語と文法」）
8) https://maledive.ecml.at/Home/tabid/3598/language/fr-FR/Default.aspx（多言語の環境で就学言語を教える「教員の能力開発のための教材集」。英語、ドイツ語、フランス語、フィンランド語で利用できる。）
9) https://edinaplatform.eu/en（欧州連合のプログラムによるサイト。「国を超えてきたニューカマーの子どもの教育」英語、オランダ語、フィンランド語で利用できる。）
10) https://www.iamplurilingual.com/publications.html（英語のサイト。「私はプルリリンガル！」）
11) http://www.skills.ucsb.edu/（カリフォルニア大学サンタバーバラ校・カリフォルニア言語文化センターによるプロジェクトサイト。「生活と社会の中の言語を探求する児童生徒」英語で利用可。）
12) https://ofeliagarcia.org/videos/（アメリカでトランスランゲージングを推進するオフェーリア・ガルシアのサイト。英語で利用可）さらに Garcia and Wei L.（2014）も参照。
13) http://bilem.ac-besancon.fr/accueillir-leleve-et-sa-famille/ressources-pour-laccueil-des-familles/（フランス語で利用できる。）
14) https://research.ncl.ac.uk/romtels/（「ロマのトランスランゲージング調べ学習スペース」英語のサイト）、特にフランス語の映画（英語字幕つき）https://nuvision.ncl.ac.uk/Play/17830 を参照。

15) 訳注：教師、生徒、保護者の三者がすべて教育システムの重要な部分であるという考え方で、保護者の参加も重視される。

16) http://www.sirius-migrationeducation.org/（SIRIUSのサイト。英語で利用できる。）

学習のヒント

・かつてフランスでは「移民の子どもの言語や経験が学校の『外に置かれていた』」というのは、具体的にどのようなことを指しますか。

・移民の子どもの言語や経験を教室の中で考慮することが提案されていますが、その原理（教育学的・政策的）、および、実践に伴う困難についてまとめてみましょう。

・「バイリンガリズム（複言語主義）を承認し発展させるために学校で実施される制度レベルの研究」を読んで、あなたの知っている学校でできることやアプローチを考えてみましょう。

参照文献

Auger, N.（2005）*Comparons nos langues*. Démarche d'apprentissage du français auprès.

Auger, N.（2010）*Elèves Nouvellement Arrivés en France. Réalités et perspectives en classe*, Paris : EAC.

Auger, N.（2019）« Allophone » : trajectoires d'une catégorie aux prises avec la notion d'expertise. In Auger N. et Verdier M., *Travaux neuchâtelois de linguistique*, 70, 23-41.

Auger, N. et Cadet, L.（2016）Que révèlent les parcours et les pratiques des enseignants en classe de français ? Eléments de réflexions sur les conflits cognitifs et méthodologiques face aux traditions didactiques. In Pégaz Paquet A. et Cadet L.（dir), *Les langues à l'école, la langue de l'école*, PU Artois, 47-66.

Auger, N. et Kervran, M.（2011）Construction identitaire et compétence plurilingue : des principes à la mise en œuvre de séquences interdisciplinaires（projet européen Conbat+）In Demougin F. & Sauvage J.（éds.）*La construction identitaire à l'école. Perspectives didactiques*, revue Tréma n° 33-34, 35-44.

Beacco, J-C., Chiss, J-L., Cicurel, F. et Véronique, D.（dirs.）, 2005, *Les cultures éducatives et linguistiques dans l'enseignement des langues*, Paris, PUF.

Bélisle, R.（2006）Education non-formelle et contribution à l'alphabétisme, Volume 26.

Circulaire n° 2002-102 du 25-4-2002 relative aux missions et organisation des centres académiques pour la scolarisation des nouveaux arrivants et des enfants du voyage (CASNAV)

Circulaire n° 2012-141 du 2 octobre 2012 relative à l'organisation de la scolarité des élèves allophones nouvellement arrivés classe de français ? Éléments de réflexions sur les conflits cognitifs et méthodologiques.

Coste, D., Moore, D. et Zarate, G.（1997）*Compétence plurilingue et pluriculturelle*, Publications du Conseil de l'Europe.

Cummins, J.（1976）The influence of bilingualism on cognitive growth: a synthesis of research findings and explanatory hypotheses, *Working Papers on Bilingualism*, 9, The Ontario Institute for Studies in Education, 1-43.

Cummins, J.（2001）La langue maternelle des enfants bilingues, *Sprogforum*, 19, 15-21. d'enfants nouvellement arrivés, Editions CNDP, collection Ressources Formation Multimédia, fabrication : CRDP Languedoc-Roussillon/ CDDP du Gard, DVD（26 min.）et guide.

Galisson, R.（1991）*De la langue à la culture par les mots*, Clé international.

Galligani, S.（2012）Regards croisés sur les enfants venus d'ailleurs et scolarisés en France, *Les Cahiers du GEPE*.

Garcia, O., Wei, L.（2014）*Translanguaging*, UK, Palgrave（Pivot）.

Goï, C. et Bruggeman, D.（2015）L'inclusion scolaire des EANA : questions d'éthique 〈http://cache.media.eduscol.education.fr/file/FLS/01/6/conference_Goi_Bruggeman_ 263016.pdf〉

Hamadache, A.（2016）*Articulation de l'éducation formelle et non formelle. Implications pour la formation des enseignants*, éditions de l'Unesco.

Heller, M.（1996）*L'Ecole et la construction de la norme en milieu bilingue*, AILE, 71-93.

Jacobi, D.（2018）*Culture formelle et éducation non formelle*, PUQ.

Klein, C.（2009）Rapport - n° 2009-082 septembre 2009, Inspection générale de l'éducation *l'Éducation nationale*, Porte-parole du Gouvernement. *La scolarisation des élèves nouvellement arrivés en France Rapport à monsieur le ministre de langue de l'école*, coll. Etudes linguistiques-didactique des langues, Artois Presses.

Lüdi, G. et Py, B.（1986）*Être bilingue*, Berne, Peter Lang.

移民児童による第二言語としての
フランス語習得

小学校における緘黙の予防

ジェレミー・ソヴァージュ

藤井碧・訳

要　旨

　本論文は、教師や多くの保護者に常に多大な不安を引き起こしている
テーマである、異言語を話す幼児（一般に４歳以下の子ども）の緘黙を取
り上げる。「緘黙」という用語の成り立ちからもわかるように、こうした子
どもは実際に「黙」っている（Auger & Sauvage, 2009）。

　フランスでは、新たに移住してきた外国人幼稚園児の多くは教室内であ
まり話さないか、あるいはまったく話さない。本論文では、フランスの
様々な学校で行った観察にもとづき、子どもがことばを発したくなくなる
メカニズムに焦点を当てる。これは、とくに学校内部の因子である社会的
圧力や、様々な表象に結びついた学術的言説、ドクサを再考するだけでな
く、とりわけ異言語話者の置かれた文脈において、情動・感情面に目を向
けながら、言語習得の課題として位置づけることでもある。

　話せるようになることに関するいくつかの事項を確認してから、頻繁に
報告されるわけではないが、決して稀ではない事例を検討する。次に、選
択性緘黙を予防するためのいくつかの提言を行う。とりわけ教室での多言
語使用について、肯定的な見方を強調することが重要になるが、これは、
過去の重圧と、変化させることが非常に難しいいくつかの表象が強く残る
フランスの学校制度そのものに対する問題提起に他ならない。

キーワード

第二言語としてのフランス語教育（FLS）、移民の子ども、教員養成

1 ある事例

　実際にあった話から始めよう。筆者は、フランス南部にあるモンペリエ市において、その中でも庶民的と言われる地区の幼稚園で観察を行っている。この地区にはモロッコ人やモロッコ出身者の大きなコミュニティがあり、これらの成人の大多数にとってフランス語は第二言語である。フランスの幼稚園（3歳から6歳の子どもが通う）では、親が教室の入り口の前で子どもの身支度をするのが慣習である。子どものコートを脱がせ、バッグと服を教室の外の廊下にかける。その朝、ある母親が3歳の息子を幼児クラスの廊下に連れてきた。母親は息子がコートを脱ぎ、持ち物を置くのを手伝ってやり、髪を直し、キスをする。この間ずっと、母親は息子に一言も話しかけない。毎朝繰り返されるこの情景を見てきた教師は、顔をしかめながら私に言った。「おわかりですか？　自分の子にまったく話しかけないんですよ！　母親が子どもに話しかけないで、どうやって子どもがフランス語を正しく話せるようになると思います？」

　幼稚園に通う子どものほとんどにとって、口頭での言語的能力や社会的能力の多くは、産出においても受容においても実用的なものである。これは、家庭や集団（保育園や託児所）におけるその子の経験や体験から説明できる。

　ところが、学校は何よりもまず、子どもの発達、とくに言語面と言語使用面の発達に寄り添う方向性を示すものであるはずが、子どもには「静かにしなさい」「お口を閉じて」「もっと静かに」と絶えず繰り返す。実際、筆者はかつて学校の教師であったことから、教師がきわめて頻繁に静粛を求めること（そしてそれは避けがたいこと）を実体験として知っている。もちろん一度に聞くことと話すことはできないので、それは理由のないことではない。しかし、その行為がそれ自体として正しいとしてしまえば、そのような定式化は混乱を招き、思いもよらぬ結果を招くこともありうる。例えば、あまり騒がないようにして、こちらに注意を向けるように子どもに言うことと、「お口を閉じなさい」あるいは「しゃべらないで」と不意に言うこととは、同義ではない。幼稚園の使命の一つはまさに、言語使用

の発達段階にある子どもに寄り添うため、子どもたちに話させること（Auger & Sauvage, 2012; Sauvage, 2005, 2010）、そして学校で上手くいくよう子どもたちを助けること（Florin, 1991）だからである。

　様々な事情はあれども、この状況はやはり驚くべきものである。園児が教師の話を聞くことは大切なので、言語産出は結局、大人のみが主導権を握っている。すなわち社会的な相互行為において、大人は言語によるコミュニケーションの慣習の半分しか子どもに提供していない。それでも、話せるようになるためには聞くだけでは不十分で、ことばを発することも必要なのだ。さらに悪いことに、様々理由から「園児」の置かれる社会的地位を理解し学びとった子ども（Sauvage, 2013）は、この重圧と「口を閉じて、先生の質問に答えなさい」という矛盾した規範とを前に苦痛を感じるかもしれない。成長過程にある子どもは自分を守るため、教室で発話することをすべて拒否することで逃避行動を示すことがある。「しゃべったらいやなんだね、じゃあ、もうしゃべらない」というわけだ。

　ところでフランスの教育システムは未だに、話すことよりも読み書きに比重をかけている（Garcia-Debanc & Plane, 2004; Plane, 2015）。ここ数年来のいくらかの変化は喜ばしいとしても、一般的な成績評価においてよく知られている事実をここで示すと、（このケースは減ってきてはいるとはいえ）口頭試験の評価係数はほとんどの場合に筆記試験の評価係数よりも低く設定されている。

　結局、異言語話者の子どもは、その言語が社会的地位を持つか、あるいは肯定的な表象を持てるかどうかによって、どのように見なされるかが異なる。これはとくにブルデューの「言語市場」論（Bourdieu, 1982）、カルヴェの「言語の市場」論（Calvet, 2002）につながるものである。筆者はフランスの小学2年生（CE1：平均年齢8〜9歳）の教室において、英語のネイティヴの子どもが教師からきわめて肯定的に見られていることを観察できた。ある教室の観察では、休み時間に、教師が英仏二言語の完全なバイリンガルの児童を「バイリンガルでいるのはこの子にとって本当に素晴らしいことですよ」としきりに褒めていた。ところが、教室の最後列に座って観察していた私と机を並べたモハメドという児童は、与えられた課題を

やらなかったのか、あるいは課題を間違えていて、勉強面でも生活面でも明らかに苦労していた。モハメドは実際、ほとんどの時間を、ポケモンカードを眺めて過ごしていた。しかし、筆者がカードの下部に書かれたゲームキャラクターのプロフィールについての短文を読んでほしいと頼むと、とても注意深くなり、集中する姿を見せた。この児童のモチベーションを上げるには、支援の仕方を変えるだけで十分ではないか、との考えがよぎった。そこで、先ほどの教師が英仏バイリンガルの児童を褒めた時、私はその教師に、モハメドの二言語使用についてはどう思うかと尋ねた。教師は微笑みを消し、深刻な表情で、アラビア語ネイティヴにとってはあらゆることが難しいと答えた。「この子はフランス語にかなり苦労しています。それにクリストファーのような、完全なバイリンガルではありませんし」。

　この事例において疑問視されるべきなのは、教師の持つ表象である。この表象は、英米語がアラビア語（当例では、モロッコ方言）よりも高い地位にある言語だという、「言語の市場」の考えにもとづいている。しかし、この表象は、そのままでは就学の成功へのアクセスにおける不公平を強化するのみでしかない（Sauvage, 2017）。しかし、初期養成および継続養成を含む教員養成において、このきわめて重要で複雑な問題に目を開かせる教育を行えば（Auger, 2018）、こうした表象は教師の心構えや行動を変えさせるためのスイッチにもなりうる（Auger, 2008, 2010）。

2　子どもと言語使用——構築の長い過程

　今日の言語習得論は、20世紀の大議論から抜け出すのにまだ苦労している。それは「生得」と「習得」の関係に関する議論で、チョムスキーの生得説に対するピアジェの構成主義（Pattelli-Palmarini, 1979）の考え方で知られるが、実は古代ギリシャ時代から論じられてきたものである（Roux, 2012）。とはいえ、ここではこうした議論を超えて、子どもの言語発達という複雑な対象に対しては、より複雑な見方で捉える方が面白いように思われる。そこで、言語発達における心理社会的プロセスを考えたい。

認識論的な観点から、社会的相互行為の研究の流れの中で考えるため、とりわけ1997年からブロンカートとそのグループが発展させた見方を採用する（Bronckart, 1997）。

　まず、非常に基本的な「言語」と「思考」に関する問いに立ち戻って考えたい。幼い子どもにとっての記号的構築とはどのようなもので、どのように変化するのだろうか。言語的記号はどのように構築されるのだろうか。例えば、「イルカ」ということばはどのようにして、魚ではなく海洋哺乳類の概念を指すようになるのだろうか。

　そして、子どもはどのようにして「社会的人格」となるべく自己を構築するのだろうか。

　ここから言語意識の発現と発達について考察することができる。例えば音声システムについて言うと、言語意識の構造化はメタ言語学的なレベルを経るということ、すなわち言語意識は「意識化プロセス」によって構築されることが示されてきている。この認識は一般に他者による社会的な働きかけの結果として生じるものであり、それは発達というものが間違いなく社会的相互作用の観点から理解されるものであることを示す。「私」「世界」「他者」は、常に相互作用している。したがって、「私」は、「他者」の行動のおかげで、「世界」の表象を構築することができるのである。

　次の段階として、子ども（学習中の大人でも同じであるが）は、既に持っている表象を、共有された社会的規範に合わせて変えていく必要がある。すなわち、個々のイメージを記号化する必要がある。例えば「イルカ」は魚の記号範疇ではなく、海洋哺乳類の範疇に分類しなくてはならない。これが、単一の母語を学ぶ時に生じることである。これらはすべて複雑であり、直接観察できない場合でも、試行錯誤を通じて、子どもの中では永久的な内省行為が行われている。ただしこのことは、発達の途中にある幼児に、不安や「上手くできないかもしれない」との心配を引き起こしうるものであり、注意が必要である。場合によっては、この不安が無言症すなわち選択性緘黙を引き起こすこともある。この複雑さは、子どもが二つ以上の言語を母語として持つ場合、母語が単一である場合に比べ、さらに指数関数的に複雑になることは容易に想像できよう。

3 第二言語のアプロプリエーション[1]
── 一つの言語が別の言語を隠す

　第一言語のアプロプリエーションがこれほど複雑なものであるために、多言語状況においてはこれが指数関数的に複雑になる。というのも、まだ発達途中にあり、自分の社会的、心的経験に頼るしかない子どもには、一定時間に限られた量の情報しか処理することができないためだ。例えば、フランス語と日本語の音声システムに関する言語意識を、両言語で同時に構造化することは、二つのうちいずれかの言語システムのみを扱うよりもずっと長い時間がかかる。この複雑な探索対象の大枠をつかみ、見当がつくようになるまでには、同じだけ複雑な思考が必要なのだ（Morin, 1990, 1991, 1994, 1999; Morin & Le Moigne, 1999）。

　ピアジェの認識論は発達段階説を評価しているものの（Piaget, 1950）、ここであえて純粋な発達段階説に戻ることはしない。それでも特別な遅れや疾患がなければ、発話能力の主要な発達段階は0歳から6歳の間にあると考えられる。そうすると、幼稚園へ入園する時点では、普通の子どもは、「大人のそれとは近くない」という意味では、それほど高度の言語能力レベルには至っていない。子どもはその歳の子どもらしく、発達途中にある社会的存在として「ふつうに」話す。大人が子どもを「よく話す」と言う時は一般的に「同じ年齢の他の子どもたちよりも上手く話す」ということに注意しておきたい。

　したがって学校は、成長する子どもに寄り添えるよう、多様なコミュニケーションの状況を提供する必要がある（Florin, 1991; Sauvage, 2005）。しかし、異言語話者の子どもは、母語、すなわち子どもにとって感情や情感の言語であり、ほとんどの場合に教師もよく知らず、また自分の中でも発達途中にある言語を話さないよう強いられており、また第二言語はまだ十分な能力がないことが自他ともにわかっているので、発話ができない状態にある（Auger & Sauvage, 2009）。これは、授業の前後の着替えの時、母親がまったく話しかけないせいで園児が進歩できないと説明していた教師の例において観察されたことである。

しかしその母親は、他の母親に比べて愚かなのではなく、学校で家庭言語（とくにアラビア語）を話すことは非常に印象が悪いこと、また第二言語能力は、発達途中に連続的なバイリンガリズムにさらされる子どもにおいてはよく伸びるが、一般に母親においてはあまり伸びないことをよく知っているのだ。実際、例えば語彙についてみると、一般的な子どもの能動的使用語彙のレパートリーは、（Acquisition du langageの基準調査によると）24か月で300語、36か月では900語である。これは子どもの言語の変容と構造化の時点で話されている言語の全体から分配されるはずである。よって、統計上はバイリンガルの子ももちろん24か月で300語、3歳で900語の能動的使用語彙を保持しているが、24か月の時点では200語が第一言語で100語が別の言語であるかもしれないし、3歳の時点では400語が第一言語で500語が別の言語かもしれない。複数言語を話す子どもの語彙と単一言語を話す子どもの語彙に違いがあることには誰もが気が付くが、それはこのような理由からである。一つの言語はもう一方の言語を見えなくしてしまうのだ。

　このような環境ではどうしても、普通の母親には、学校で自分の子どもに話しかけることができないであろうし、実際このようにして子どもに緘黙のお手本を見せることになってしまう。子どもの立場から見ると、自分も学校では母語を話してはいけないことを知っている。フランスでは、国民を結びつける接着剤としてのフランス語について大量の言説が飛びかっている。しかし、こうした園児たちは、語彙レパートリーのうち、第二言語であるフランス語の割合が少なくとも半分であることを見たばかりであるが、その第二言語では自分の言いたいことを十分に言えないことを知っている。もともとの性格や、強い社会的意識によってこれが補償されない場合には、緘黙が始まり、子どもはことばを発さなくなる。第二言語のネイティヴスピーカーと社会的にも言語的にもやり取りできるようになるまでは、自分の語彙レパートリーが大幅に増加するのを待つ方がいいと思って、待機するようになるのだ。第二言語能力に確信が持てて、第二言語で話して肯定的な自己イメージを強め、言語的安心感を持てるようになるのは、数か月が経過してからだろう。興味深いことに、バイリンガルの子どもの

発達に関する研究は、各言語の語彙レパートリーが単一言語話者の子ども
のレパートリーに非常に速いスピードで追いつくことを示している（Bialy-
stok, 1986a, 1986b, 2010）。

4　表象の重要性

　表象の重要性は、幼稚園における緘黙を説明する一つの要因であると同
時に、問題を解決しうる要因でもあるように思われる（Auger, 2008）。状
況を改善する、あるいは少なくとも変化させるには、表象を変えるだけで
十分なのだろうが、もちろんこれはそれほど簡単ではない。教師だけでな
く、保護者や報道関係者、また子どもたち自身も、スティグマ化をもたら
す言説を非常に素早く抱え込むようになる。彼らによって頻繁に聞かれる
発言には次のようなものがある（Auger, 2010）。

　　　・「第二言語は母語の習得の邪魔になる」
　　　・「移民の子どもは母語を正しく話さない」
　　　・「移民の子どもには母語がない」
　　　・「移民は自分の子どもに話しかけない」
　　　・「移民の言葉遣いはおかしい」
　　　・「移民の言語は貧しい」

　ここには問題がはっきり表れているのと同時に、その解決策も現れてい
るように思われる。すなわち、表象を変えることが必要なのだ。しかしそ
れは罠が張り巡らされた道のようなもので、簡単には進めない。かなりの
時間を経て確立されてきた個人や集団の表象に、秩序を見出すことは簡単
ではない。人間の思考の特徴は、それが往々にして既存の考え方の再生産
であり、個人のオリジナルではないことにある。これが普遍的なことで、
学術的な世界にも認められるとすれば（というのも研究者も連続的な思考の
中に組み込まれているので）、思考の触媒が変化しやすい日常世界において
は、より一層問題と言えるだろう。これはポピュリストの思考を形成する

ものだが、それが多数派の考え方となるか少数派の考え方となるかは、情報元のメディア・リソースによって変わる（フランスの第一テレビチャンネルにあたる『TF1』[2]や、聴者の少ない公共ラジオ『France Culture』[3]を視聴するかどうかによって変わるだろう）。結局のところ、よく考えてみれば、私たちは一般に物事を考える時、それがオリジナルな考えではないにも関わらず、それを自分の考えだと誤解するのだ。批判的精神の教育はこの意味で、イデオロギーやドクサから離れる手段を与えるものである（Sauvage, 2015, 2017）。啓蒙主義の哲学者が研究し擁護した批判的精神に近づくための方法の一つは、エドガール・モランが提案した「方法」（「方法論」ではない）で、これは世界や人間の複雑さを捉える時に、あえて複雑な方法で捉えようとするものである（Morin, 1977, 1980, 1986, 1991, 2004, 2011）。

5　結　論

本論文で論じたことは、教員養成と教員研修において考慮することが重要である。緘黙は、次に述べる比較的簡単な行動によって、具体的に予防しなくてはならない。

- 園児を大事にすること。教室内で実践できる補助教材（Bruner, 1983）をすべての教師が知っている場合は、それらをより体系的に使用する方がよい。園児を大事にするとは、まず子どものモチベーションを上げ、活動や学習に参加させることである。そして次に、決まった目標を達成できるよう、その子を助け、その子が進歩していることを隣で伝えながら安心させる。子どもが言い淀んだり、間違えたり、規則通りに発音できなくともかまわない。心理的、認知的目標こそが重要であって、それに比べれば他のことは重要ではない。
- 母語・母文化を尊重すること。どんな言語も、どんな文化も、他のものよりも優れていたり、劣っていると考えることはできないし、そうしてはならない。ここで教師にとって大変なのは、必要に応じて自分の表象システムを変えることである。だがこれはまさに教員養成者の

養成における目標の一つであり、例えばバイリンガリズムは病気でも
なければ、言語習得の足かせでもない（それどころか、まったく逆であ
る）と説明することにあたるだろう。

●コミュニケーションをとること。とりわけ幼稚園の3歳から6歳まで
の子どもには、コミュニケーションをするという行為自体が、コミュ
ニケーションの質よりも優先するようだ。子どもの言語的安心感を高
めるために学校があらゆることをすれば、新しい概念が生まれること
になる。すなわち、C2レベル[4]に至っていなくても話すことを認め
ることである！　というのも、学習者が第二言語の能力を発達させる
ためには、時間をかけ、失敗を繰り返しながら練習するしかないため
である。加えて、次が重要であろう。(1) 園児が教室内で発言できる
ようにすること、そして (2) 教師はそれに対して、発話の矯正だけ
をする必要などない、ということである（レストランのメニューや出版
物を含め、読むものすべてのつづりを確認せずにはいられないフランス語
教師のように反応する必要などないのだ）。

●ウィキペディアを使った解決案。多くの教師が、「そうは言っても私
は外国から来た子どもの言語は話せません！　どうしたらいいんです
か」と尋ねるが、こうした質問に、私は次のように答えるようにして
いる。「ウィキペディアを使って、（例えば）「〇〇語（日本語、アラビ
ア語など）の音韻体系」を検索してみてください」と。これだけで教
師は第一言語と第二言語の共通点と相違点を知ることができる。教授
法の観点から言うと、相違点は間違いなく授業のネタになる。日本語
の母語体系（スペイン語のそれにかなり近い）を見てみると、日本語話
者の学習者は、フランス語の開いた「エ」（/ɛ/）と開いた「オ」
（/ɔ/）の発音に苦労するであろうこと、またポーランド語母語話者に
とってそれは当てはまらないが、彼らはむしろ半分閉じた母音の
「エ」（/e/）と「オ」（/o/）の発音に苦労するであろうことがわかる
（Danko, Sauvage & Hirsch, 2015, 2018）。重要なのは、外国語としての
フランス語（FLE）や第二言語としてのフランス語（FLS）教師が、
様々な言語を話せるようになることではなく、自分の生徒の言語の機

能の仕方を知ることである。

● 教室に複数の言語・文化を取り入れること。生徒の言語や文化を教室内に入れ込むことは非常に大切である。例えば児童文学は、（社会的集団としての）クラスメイトが異言語話者の子どもの言語文化をよく知るための良い手がかりとなりうるもので、これはまたその子どもの言語的安心感をも促進できる。

● 「学校の外」すなわち地域や支援団体、家庭とのプロジェクトやつながりを持つこと。筆者はかつてフランスの教育優先地域[5]にある小学校校長と、優先教育網[6]の代表を務めていた。この経験から、学校をその地域の社会的現実から外れたところに置いてはならないことが重要だとわかった。学校内外のプロジェクトに一緒に参加することによって、地域の支援団体とのネットワークや関係性をつくることが大切である。そこには家族も参入できるようにする。筆者は輪番制の放課後学級の仕組みをつくった。毎晩、4つの家庭のうち一つが4人の児童を家に招き、おやつを出して勉強させる。これはそれぞれの子が個別の宿題をするのに、家族を参入させることを促進した。

● 家族の関与を保つこと。ここで家族の関与とは、学校の入り口までで終わるものではなく、どんな教育プロジェクトであっても、それを通じて家族が教室に出入りできるようにすることを意味している。北米、中でもカナダとは異なり、フランスには学校と家庭に大きな隔たりがある。教育機関とりわけ実際に教育に当たるチームは、教育機関の中に家庭が入れるようにすることが透明性を担保しコミュニケーションを促進することを理解しなくてはならない。必要なのは、教育制度における様々な行為者の間に新しい関係性を構築しようとすることである。カナダなどの教育制度からインスピレーションを得て、しっかりとした協働関係のもとで教師・保護者・児童の関係に新たな教育的三角関係を構築できるかどうかは、フランスや、関係国次第である。

こうした考察のいくつかが、幼稚園での選択的緘黙を防ぐことができることを願うばかりである。

1) フランス語圏における「アプロプリエーション」とは、習得や獲得の過程を指す。本書のフルーレ論文の脚注も参照のこと。この概念について、英語のappropriationは現在、「文化収奪」（cultural appropriation）のようにもっぱら否定的な含意を持つが、フランス語圏ではそうではない。

2) 訳注：地上波民放局のTF1グループが運営するテレビチャンネル。視聴率は国内最高の22.8％（JETRO「フランスを中心とする欧州のコンテンツ市場調査2013年　テレビ編」2015）。

3) 訳注：公共ラジオ局のラジオ・フランスが運営する文化チャンネル。

4) ヨーロッパ言語共通参照枠（CEFR）に付随する共通参照レベル（A1 ～ C2レベルまで6段階ある）において、もっとも発展したレベルを指す。

5) 訳注：Zone d'éducation prioritaire（ZEP）は、ミッテラン政権のアラン・サヴァリ国民教育大臣（1981 ～ 1984）が教育格差の是正を目標に指定した教育重点地区。（参照：www.reseau-canope.fr/education-prioritaire/comprendre/reperes-historiques）（2020.2.6閲覧）

6) 訳注：Réseaux d'éducation prioritaire（REP）は、1997年にZEPの見直しとともに新設された重点教育地区。

学習のヒント

・「フランスでは、新たに移住してきた外国人幼稚園児の多くは教室内であまり話さないか、あるいはまったく話さない」ことについて、筆者はどのような理由を示していますか。第1章～第3章を読んで理由を挙げてみましょう。

・第4章には、移民の子どものことばをめぐる教師や保護者等の発言が示されています。あなたも聞いたことがある発言はありますか。また、その発言を聞いた時あなたはどのように受けとめましたか。

・選択的緘黙を予防するための7つの提言（第5章）について、あなたが居住する地域ではどのような取り組みが・どの程度実施されているか調べてみましょう。

参考文献

Auger, N.（2008）Le rôle des représentations dans l'intégration scolaire des enfants allophones ? dans *Immigration, Ecole et didactique du français*, J.-L. Chiss（dir.）,

Paris, Didier collection Langues et didactique, pp.187-230.

Auger, N. (2010) *Elèves nouvellement arrivés en France. Réalités et perspectives pratiques en classe*. Paris : Editions des Archives Contemporaines.

Auger, N. (2018) « Le MOOC MALEDIVE : un site d'auto-formation pour les enseignants de langue et de culture qui accueillent des élèves migrants dans leur classe », dans C. Nikou (dir.), *Favoriser l'intégration scolaire : l'apport de la classe de langue-culture ContACTES*, Athènes, pp.61-69.

Auger, N. & Sauvage, J. (2009) « Développement langagier et mutisme spécifique des ENA à l'école maternelle ». In *Les Cahiers Pédagogiques* 173, pp.42-43.

Auger, N. & Sauvage, J. (2012) « Complexité de développement, complexité d'apprentissage : de la langue de l'enfant à la langue de l'élève ». In *Travaux de didactique du FLE*, 65-66, pp.126-142.

Bialystok, E. (1986a) « Children's concept of word ». In *Journal Of Psycholinguistic Research*, Vol. 15, n°1, 13-32.

Bialystok, E. (1986b) « Factors in the growth of linguistic awareness. In *Child Development*, 27(2), 498-510.

Bialystok, E. (2010) « Bilinguism ». In *Cognitive Science*, 1, 559-572.

Bourdieu, P. (1982) Ce que parler veut dire. Paris : Minuit. (ピエール・ブルデュー『話すということ——言語的交換のエコノミー』稲賀繁美訳, 藤原書店, 1993)

Bronckart, J.-P. (1997) *Activité langagière, textes et discours. Pour un interactionisme socio-discursif*. Paris : Delachaux et Niestlé.

Bruner, J. S. (1983) *Savoir faire, Savoir dire*. Paris : PUF.

Calvet, L.-J. (2002) *Le marché aux langues. Les effets linguistiques de la mondialisation*. Paris : Plon.

Danko, M., Sauvage, J. & Hirsch, F. (2015) « La perception phonémique en français des apprenants polonophones ». In *L'Information Grammaticale*, 146, 32-38.

Danko, M., Sauvage, J. & Hirsch, F. (2018) « Étude de la perception phonémique en français par des apprenants polonophones – test évaluatif à des fins didactiques (le cas des voyelles antérieures de moyenne aperture : [é]~[ê]) ». In *Neophilologica*, 29, 55-73.

Florin, A. (1991) *Pratiques du langage à l'école maternelle et prédiction de la réussite scolaire*. Paris : PUF.

Garcia-Debanc, C., & Plane, S. (Eds.) (2004) *Comment enseigner l'oral à l'Ecole primaire*. Paris : Hatier.

Morin, E. (1977) *La nature de la nature*. Paris : Le Seuil. (エドガール・モラン『自然の自然』大津真作訳, 法政大学出版局, 1984)

Morin, E. (1980) *La vie de la vie*. Paris : Le Seuil. (エドガール・モラン『生命の生命』大津真作訳, 法政大学出版局, 1991)

Morin, E.（1986）*La connaissance de la connaissance*. Paris : Le Seuil.（エドガール・モラン『認識の認識』大津真作訳，法政大学出版局，2000）

Morin, E.（1990）*Introduction à la pensée complexe*. Paris : ESF.（エドガール・モラン『複雑性とはなにか』古田幸男・中村典子訳，国文社，1993）

Morin, E.（1991）*Les idées*. Paris : Le Seuil.（エドガール・モラン『観念——その生息場所、その生命、その習俗、その組織』大津真作訳，法政大学出版局，2001）

Morin, E.（1994）*La complexité humaine*. Textes choisis. Paris : Flammarion.

Morin, E.（1999）*Relier les connaissances*. Paris : Le Seuil.

Morin, E.（2004）*Ethique*. Paris : Le Seuil.

Morin, E.（2011）*L'humanité de l'humanité*. Paris : Le Seuil.（エドガール・モラン『人間の証明』大津真作訳，法政大学出版局，2006.）

Morin, E., & Le Moigne, J.-L.（1999）*L'intelligence de la complexité*. Paris : L'Harmattan.

Piaget, J.（1950）*Introduction à l'épistémologie génétique*. 3 volumes. Paris : PUF.（ジャン・ピアジェ『発生的認識論序説』田辺振太郎・島雄元訳，三省堂，1975-1980.）

Piattelli-Palmarini, M.（Ed.）（1979）*Théories du langage, théorie de l'apprentissage*. Actes du colloque de Royaumont de 1975, Paris : Seuil.

Plane, S.（2015）« Pourquoi l'oral doit-il être enseigné ? » Dans site internet de *Les Cahiers Pédagogiques*. www.cahiers-pedagogiques.com/Pourquoi-l-oral-doit-il-etre-enseigne

Roux, G.（2012）« La problématique de l'acquisition du langage par le jeune enfant dans l'Histoire ». In *Travaux de didactique du FLE*, 65-66, pp.9-34.

Sauvage, J.（2005）*L'oral à l'école maternelle*. Paris : L'Harmattan.

Sauvage, J.（2010）« Lentin, enfance, langages ». In *Revue d'Acquisition du Langage Oral et Ecrit*, 63, pp.13-18.

Sauvage, J.（2013）« Construire et déconstruire l'identité des enfants-élèves à l'école : locutoire et interlocutoire ». In *Travaux de didactique*, 67-68, pp.137-146.

Sauvage, J.（2015）*L'Acquisition du langage. Un système complexe*. Paris : Académia.

Sauvage, J.（2017）« Discours enseignant, dialogisme et idéologies académiques », dans *Recherches en didactique des langues et des cultures* [En ligne], 14-2 | 2017, mis en ligne le 15 juin 2017〈http://rdlc.revues.org/1869〉DOI : 10.4000/rdlc.1869

カナダの異言語話者

学習困難を抱え、フランス語が第二言語である児童の出身言語が
つづりの問題を克服するための切り札となるとき[1]

キャロル・フルーレ

松川雄哉・訳

要　旨

　この章では、オンタリオ州のフランス語学校で第二言語としてのフラン
ス語を学ぶ児童（n = 8）に対して、9週間にわたって行われた、つづりの
問題を乗り越えるためのライティングのアプロプリエーション[2]について
論じる。教師との協働のもとで、宣言的・手続き的知識を報告させるメタ
グラフィック・コメント（Jaffré, 1995）を利用し、児童文学や近似つづり
法を用いて支援を行った。その結果、実験を始めたころは、学習者はアル
ファベットの記号に非常に集中していたことがメタ言語的コメントによっ
て示された。だが、介入が進むにつれて、彼らはコードではなく、書かれ
た言葉の特性により焦点を合わせるようになっていったことが、彼らのコ
メントによってわかった。実験期間の中頃では、彼らのコメントはよりバ
ランスのとれたものとなり、言語に対して距離をとることができるように
なっていく。また、学習者は自身の第一言語を使用する権限があると感じ
られたことにより、実験の早い段階で、転移を利用していることが確認で
きた。

キーワード

異言語話者、近似つづり法、児童文学、メタグラフィック・コメント

1　問題提起

　近年、オンタリオ州は、ますます多くの移民を受け入れている。2006年では、オンタリオ州民約1300万人のうち、約320万人（26.6%）が異言語話者（カナダの公用語である英語、フランス語あるいはカナダ先住民の言語のいずれも話さない人）である（Ministère des Finances de l'Ontario, 2009）。カナダで拡大しつつあるこの言語文化的多様化は、世界中で確認でき、特にオンタリオ州オタワにあるフランス語を就学言語とする学校では顕著である。移民の児童に提供されているフランス語教室[3]のサービスについては、2つのプログラムが用意されており、2010年から試行されている「programme d'appui aux nouveaux arrivants（ニューカマーのための支援プログラム）」[4]と、「actualisation linguistique en français（第二言語としてのフランス語）」[5]と呼ばれるプログラムで、主に家族が英語話者の児童または、使用言語が英語でもフランス語でもないいわゆる異言語話者の家庭の児童を対象としている。移民して間もない児童は、多くの場合通常クラスに組み込まれ、学校の管理職と教員チーム（教員の専門性に基づいて構築されたチーム体制）が、児童のプロフィールに従って実施する支援を決める。児童の支援には、学校や学区に所属している教師やチューター[6]が担当する。教室内では、教師は「approche culturelle de l'enseignement（教育の文化的アプローチ、MEO, 2009）」[7]に基づいて支援を行う。その目的は、「学習を通じて児童にフランス語圏の文化に触れさせ、その文化に積極的に関われるようにすること」である。

　当然、就学言語であるフランス語の学習を促進するために、多くのフランス語教室がオンタリオ州のフランス語を就学言語とする学校で実施されているが、何年もこのフランス語教室でフランス語教育を受けたにもかかわらず、多くの児童にはライティングに関する十分な知識が身についていない。このような実情から、第二言語学習者がどのようにフランス語のつづりを、その複雑さを認めつつ理解していくのかを調査することは重要であると考えられる。

2 概念的枠組み

　ライティングに関する研究は、第一言語（Jaffré, 1995; Montesinos-Gelet, 1999; Morin, 2002）および第二言語（Ababou, 2005; Fleuret, 2008; Fleuret et Montesinos-Gelet, 2011）の分野で盛んである。これらの研究は、純粋な構成主義的視点で見た学習ではなく、子どもが何かを書くときに頭の中で行う様々な手続きに焦点を当てている。その手続きを子どもが言語化することにより、つづりや産出、ライティングのプロセスを総合的に理解することができる。これは「近似つづり法」と呼ばれ、形式ばらないライティングを繰り返し行い、その中で子どもは試行錯誤を繰り返しながら学習言語の分析に関する仮説を立て、その言語によるライティングの体系を徐々に獲得していく（Besse, 2000）。近似つづり法に関する研究は、「創作つづり（invented spelling）」あるいは「創造的つづり（creative spelling）」といった呼び名で、Read（1986）やChomsky（1979）によって第一言語で行われた英語系の研究や、スペイン語で行われたFerreiro et Gomez Palacio（1988）の研究がある。第二言語では、類似する研究がフランス語や英語で実施され（Ababou, 2005; Fleuret, 2008; Montesinos-Gelet et Armand, 2000）、音韻的な意識とアルファベットのアプロプリエーションとの間に関係があることを示唆する結果が報告されている。これらの研究は、ライティング活動中に学習者が実行した認知的処理を明らかにするために、学習者のライティングプロセスと学習者自身が行うつづりの分析に焦点を当てていた。このような新しい視点によって、ライティングのアプロプリエーションを単一の対象としてではなく、それを構成する様々な現象（書き言葉の特徴、形態、表語文字等）の総体として検証することができる。

3 メタグラフィック・コメント

　児童たちが書いた言葉について彼らが考えることに耳を傾けるということは、彼らがライティングの際に使った知識を理解することでもある。つまり、児童の認知的手続きに教師が注意を払うことによって、児童がライ

ティングの際に動員する知識とその統制をよりよく理解することができる。Jaffré（1995）は、第一言語によるライティング活動において宣言的・手続き的知識[8]を報告するメタ認知的活動について触れ、メタグラフィックという概念を構築した。その定義は、「書いた単語のつづりに焦点を当て、それがなぜそのようにつづったのかを音声的、形態的あるいは語彙的に理解し、説明することに充てられた心的活動の総体」である[9]（p. 108）。

　この心的活動を説明するために、Jaffré（1995）は書き手が知識を動員する際の2つの手続きを特定した。その1つは、記憶内で行われる、潜在的ですぐ使えるいくつかの情報の「活性化」である。だが、それらの情報全てがライティングタスクを遂行するために必要なわけではない（Jaffréのフランス語の例を挙げると、候補として活性化される *pot*〔壺〕や *peau*〔肌〕といった、発音が同一〔[po]〕の表語文字の形式がそれにあたる）。そして産出活動（例. « Sa *peau* est blanche〔彼／彼女の肌は白い〕»）の際に、不要な情報（この場合 *pot*）を制御しながら適切なつづり字情報を選択することを可能にするのが「統制」である[10]。これらの手続きは、Jaffréが「インターフェース」と呼ぶ4つの脳内領域がお互いに影響を及ぼし合いながら行われる。1つ目の領域は、表音文字法と呼ばれる領域で、アルファベット規則の習得に関係している。2つ目は、書記法と呼ばれる、ライティングの形式的な記号を司る領域である。3つ目は語彙的な領域で、つづり字の表象に適用される語彙知識に関連した単語の段階的な意識化を担う。4つ目は形態的な領域で、フランス語のライティングに固有の形態的要素に関係しており、つづり字に関連した語彙知識の形成に不可欠である。

　このメタグラフィック・コメントは、第二言語においても、本章で扱うフランス語の習得過程において子どもが行う認知処理をよりよく理解できるという点で、教師や研究者にとって有益な情報を与えてくれる。さらに、フランス語のアプロプリエーションを支える児童の出身言語を肯定するには、様々な方法が考えられるが、中でも児童文学の利用が有効である。児童文学を使用することによって、建設的で実りの多い活動や、言語に関する省察を促す革新的な教育を展開することができる。

4　児童文学

　児童文学は、非常に価値のある教育資源である。なぜなら、児童文学は膨大な数のテーマを扱っており、学習している言語項目にも、学習者の文化的および言語的な異質性にも向き合うことができるからである。Montesino-Gelet（2011：12）は、「いくつかの児童文学作品は、そこに出てくる典型的な登場人物のハビトゥス（Bourdieu, 1979）に児童たちの注意を引き付けることができ、彼らが自身の文化的な実情を語り合うには最適である」と述べている。Tauveron（2002）は、リーディングやライティングの授業で身につけるべき社会文化的規範の設定や、これら2技能の習得強化のために児童文学の利用を推奨している。実際、Tauveron（2002）が強調しているように、リーディングは、たとえ認知的活動が多くても、文化的事項によって容易に実践される。全ての児童が、入学時に同じライティング能力を持っているわけではないため、児童文学という媒体は貴重であることは明らかである。

　そこで本研究では、オンタリオ州にあるフランス語を就学言語とする学校に在学しているが、学習困難を抱えているフランス語が母語でない児童について、つづり字の問題を近似つづり字法によって協働的に解決する際に報告されるメタグラフィック・コメントから、就学言語としてのフランス語のアプロプリエーションを調査することを目的とした。

5　実験方法

参加者

　実験の参加者は、オンタリオ州にある公立の小学校で第二言語としてフランス語を学ぶ児童8名である。彼らの出身言語とその人数（括弧内は出身国）は以下の通りである。

・スペイン語：1名（コロンビア）
・リンガラ語：2名（コンゴ）

・クレオール語：1名（ハイチ）

・アムハラ語：3名（エチオピア）

・英語：1名（カナダ）

　彼らの平均年齢は10.6歳であり、フランス語教室を担当する教師から
フランス語の強化指導を毎日1時間半受けている。この学校の資料による
と、児童らは教育省が設定する学習到達目標から1、2年の遅れがある。8
名のうち5名は落第しており、4名は個別教育プログラムを受けている。

手続き

　実験は9週間にわたって実施され、週に1回のペースで筆者がクラスに
介入した。毎週あるいは、間が空いても2週間に一度、筆者は新しい児童
文学の作品とそれに関連した言語学習活動を導入した。教師は、次の介入
までにその活動に取り組んだ。学習活動の内容や扱う言語項目については、
介入の際に筆者が観察した、児童たちの言動を考慮して選択した。例えば、
児童たちの言動から、彼らが動詞の概念を理解できていないと判断した場
合は、教師は取り組んでいる本の中にある動詞を重点的に扱った。

近似つづり法課題のプロセス

　近似つづり法の実践は次のプロセスで行われた。既に読んだ本の中から
筆者が選んだ単語を、児童が見本を見ずに頭の中で思い描くように書いた。
具体的には、児童は発音されたいくつかの単語を目の前の白紙に書いて
いった。それぞれの児童が単語を書いた紙は、4人のグループ内で共有し、
答えを見比べた。その中から、最も正確につづられていると思う単語を選び、
それぞれのグループが選んだ単語をボードに書いていった。そして今度は、
8人全員で書かれた単語を見比べた。児童の1人が、正しくつづられている
と思う単語を選び、その理由を説明した。この一連のプロセスは、全てビ
デオに録画された。

メタグラフィック・コメント

　ライティング活動において記録された全てのメタグラフィック・コメントは、筆者が逐語的に文字に書き起こした。次にそれらのコメントを、Morin（2002）の分類表を基に、分類した（表1）。メタグラフィック・コメントは、大きくメタ言語的コメントとメタ認知的コメントの2つに分かれる。メタ言語的コメントは、学習者が言語そのものの知識に関して発した証言のことで、メタ認知的コメントは学習者が行ったライティング活動そのものに関わる証言を指す。それら2つのカテゴリーは、コメントの内容によってさらに細かい下位カテゴリーに分けられている。

児童文学作品の選択

　実験を開始したとき、児童たちは、トミー・ウンゲラーの『オットー——戦火をくぐったテディベア』[11)] を既に読んでいる最中であったため、続けて同じ作家の『すてきな三にんぐみ』[12)] と『あおいくも』[13)] という2作を読んでもらうことにした。実験の介入が半分ほど終わったとき、『オオカミだって…！』[14)] という、文字を習い始めたオオカミの話を導入した。その本によって、児童たちはリーディング活動やライティング活動へのモチベーションが大いに高まっていることがわかった。以前は、彼らが自ら進んでフランス語の本を手にとったり、フランス語で作文したりしようものなら褒め称えられるほどであったが、実験中、彼らは自ら進んで読書に取り組み、介入を受けていた。次に、何人かの児童の文化的背景を考慮し、ティエリー・デデューの作品を採用した。『ヤクーバとライオン1——勇気』[15)] と『ヤクーバとライオン2——信頼』[16)] という作品は、アフリカ大陸と成人の儀式を描いている。最後に採用した『怪物（仏題：*L'Ogre*、翻訳者による訳)』という作品は、他者との交流をテーマにしている。

結果と考察

　本節では、実験の結果を提示しながら考察を行う。表2が示すように、児童たちのメタ言語的コメントを見てみると、実験当初、彼らの注意は表

表1　メタ言語的コメントとメタ認知的コメントの分類表

メタ言語的コメント		
コメントの種類	説　明	コメントの例
表音文字の側面	ある単語における、1つの音素を構成するつづり字に関して報告すること（訳者による加筆）	「cerise（サクランボ）」にある「s」は、[z]の発音になる。だが他の単語では、[s]の発音になることもある。
多表記の音素	ある発音に様々な表記法があることを報告すること	[o]の発音には、「eau」、「au」、単体の「o」など、様々な表記がある。
つづりの類似点	書く単語の一部を他の単語のつづりの形式と比較すること	これは、「bateau」の最後（「eau」）と同じ[o]だ。
音韻的な類似点	書く単語の一部を他の単語の発音形式と比較すること。	「macaroni」という単語は「Marie」と発音が似ている。
文字や音節の特定	文字の特定：表音文字を参照することなく文字を特定すること	初めに書いたのは「m」だ。
	音節の特定：書かれた音節を口頭で特定し、黙字を報告すること	（最後の文字が「e」で表記されるのは）「ce-ri-se（[sə-ri-z]）」となるから。 （下線の「e」が黙字）
単語の特定	ある語彙について取り上げ、報告すること	前は、「népouvantail」というつづりだと思っていたけど、本当は「épouvantail（かかし）」だった。
語彙的形態素	文字を（文法的または語彙的な）形態素あるいは黙字として特定し、それらの機能を報告すること。	chant（＝歌／[ʃɑ̃]）はtの音が聞こえないけれど、chanter（＝歌う／[ʃɑ̃te]）ではtが聞こえる。 （訳者による加筆）
文法的形態素		それがたくさんあるから「s」を付けた。
つづり字記号	アクセントなどのつづり字記号を特定すること。またその機能についても特定すること。	これは、アクサン・テギュだ。
メタ認知的コメント		
コメントの種類	説明	コメントの例
メタ認知的手段の使用	ライティングを助けるストラテジーの明示的学習を報告すること	私の先生に教わったストラテジーを使ったからできる。
評価（単語の書記能力）	規則に沿って評価すること	これは正しくない。
評価（規則に沿った判断）	ある単語を書く能力に関係して評価すること	「épouvantail（かかし）」という単語の最後の部分が書けない。
具体例を伴わない想起	具体的な参照を伴わずに単語を想起すること	この単語の書き方を知ってる。すでに習った。
具体例を伴う想起	具体的な参照を伴って単語を想起すること	私のお姉さんがこの単語の書き方を見せてくれた。

表2 児童たちが実験期間中（1～9週目）に発したメタ言語的コメントの種類と
その数

週	1	2	3	4	5	6	7	8	9
表音文字の側面	24	3	1	7	0	0	0	1	0
多表記の音素	4	0	0	2	0	0	0	2	0
つづりの類似点	4	3	3	1	7	3	3	0	0
音素の類似点	1	0	0	0	0	0	0	0	2
文字や音節の特定	19	30	17	23	13	9	6	8	6
単語の特定	0	0	0	0	0	9	3	8	11
語彙的形態文字	2	2	2	1	0	0	0	0	0
文法的形態文字	5	2	3	6	3	3	0	2	0
つづり字記号	0	0	0	2	2	2	1	0	2

表3 児童たちが実験期間中（1～9週目）に発したメタ認知的コメントの種類と
その数

週	1	2	3	4	5	6	7	8	9
メタ認知的手段の使用	3	3	16	3	14	1	1	17	21
評価（単語の書記能力）	6	6	8	6	9	2	2	5	5
評価（規則に沿った判断）	0	0	0	8	11	5	0	8	11
具体例を伴わない想起	5	5	7	2	0	0	0	0	0
具体例を伴う想起	3	3	3	4	0	5	5	5	4

音文字（書記素と音素の関係や多表記の音素等）の側面や文字と音節の特定
に集中していたことがわかる。介入全体を通して、児童たちがつづりや音
素の類似点に注意を払っていることも注目すべき点である。だが介入が進
むにつれて、児童たちの焦点がコードから外れ、単語やつづり字記号など
により多くの注意を注ぐようになっていったことは明らかである。

　児童たちのメタ認知的コメント（表3）について興味深いことは、彼ら
は徐々にメタ認知的手段を利用するようになったという点である。このこ
とは、彼らが統制を行っていたということを示している。つまり介入が進
むにつれ、彼らは自身の産出活動をより巧に統制し、調整できるように、
彼ら自身の産出に対して距離をとることができるようになったと考えられ
る。彼らの単語の書記能力に関する評価コメント数は、ライティングの規
則に関する評価コメントが増えるにつれて、少なくなっていった。また、

表4　児童が実験期間中（1〜9週目）に発したメタ言語的コメントとメタ認知的
コメントの合計数

週	1	2	3	4	5	6	7	8	9
メタ言語的コメント	59	40	26	42	27	26	13	21	21
メタ認知的コメント	14	14	34	33	34	13	8	35	41

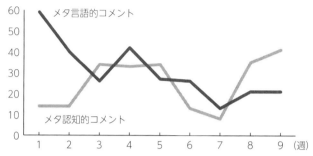

図1　児童が実験期間中（1〜9週目）に発したメタ言語的コメントとメタ認知的
コメントの変遷

　具体的例を伴わない想起に関連したコメントは、実験が進むにつれて具体
的例を伴う想起に関するコメントに取って代わっていった。これは、つづ
りに関わる語彙知識を使用するようになったことを表している。

　表4およびそれを図示したグラフ図1を見ると、メタ言語的コメントが
実験初期に顕著に表れていることがわかる。だが介入が進むと、メタ認知
的コメントの方が多くなっていった。このことは、児童たちが産出の際、
頻繁に統制を使用していることを示唆している。特に最後の2週間に発せ
られたコメントの大半はメタ認知的な内容であった。

　今度は、介入時に記録された教師と児童たちのやりとりを分析してみた
い。その中で児童たちは、自身の出身言語を使用する権限があることを感
じていることが見受けられる。ここで、彼らの置かれている言語使用の状
況を説明したい。オンタリオ州にあるフランス語を就学言語とする学校で
は、フランス語が唯一の使用言語として認められている。児童たちがその
規則を守らない場合は、次の2つの方法で彼らがフランス語を使用するよ
うに促す。1つは、教師やその他の学校関係者がやさしく注意する。もう
1つの方法は、児童たちがフランス語を話したくなるように、また彼らの

競争心を掻き立てるような制度を学校が実施する。例えば、児童がフランス語を話せばポイントがもらえ、それがある程度貯まったら本をもらえるというものである。

　本実験では、児童たちが4人グループ内で評価する産出物を決めるときに、彼らがフランス語以外の言語を使用しているのを確認できた。もちろん、我々はそれに干渉することはしなかった。ある日、8人全員での話し合いの中で1人の児童が自ら進んで自身の考察を説明し始めた。それはとても充実したやりとりが始まった瞬間であった。なぜならその直後、何人かの児童が、おそらくフランス語の能力不足から明確に述べることができなかった自分たちの考えを、フランス語以外の言語を使って表現できるようになっていったからである。

| 『すてきな三にんぐみ（les trois brigands）』についてのやりとり |

教師：ここで雲のことを話しているのがわかるのは何かな？（代名詞のils）

児童1：うーん、代名詞かな。この小さい単語でわかる。

児童2：「代名詞（"*pronoun*"と英語で発音する）」だね。

教師："*Pronoun*"、そう、代名詞ね（"pronom"とフランス語で言い直す）。

児童1："*Pronoun*"、そう、それと同じだ。

教師：それは何と一緒？

児童2：フランス語と一緒。でもちょっと難しい…

児童3：あと、スペイン語も同じ。呼び方は違うけど、同じだ。

教師：スペイン語で何て言うのかな？

児童3："*Pronombre*"。スペイン語の複数形？　"*Ellas*"だよ。

教師："*Ellas*"？

児童3：こうやって書くんだ。ほら、似てるでしょ？　"*Ellas*"。それで"*Ils*"は"*Ellos*"だよ。

『オオカミだって…！（le loup conteur)』についてのやりとり

教師：では、"alphabet（アルファベット）" という単語から、"alphabé-tiser（読み書きを教える）" が作れますね。この場合、"t" の音が聞こえますね。でも "alphabet" には "t" の音が聞こえません。でももう1つの単語を作ろうとすると、"t" の音が聞こえますね。だからこの文字が /t/ の発音になる。つまり "alphabé-ti-ser" となります。

児童1：オンタリオのフランス語の最後には、単語の最後に英語が入っているの？

教師：それはどういう意味かな？

児童1：だって "alphabet" って言うとき、"alphabet /ˈælfəbèt /（英語で発音)" になるから。

　以上の2つのやりとりは、どのように第一言語の知識が第二言語を理解し、説明するのに役立っているかを明らかにしている。もしこれらのケースで、児童が第一言語を使用することを許されていなかったら、彼らの母語の転移を確認することができなかっただろう。特筆すべきは、児童たちが、実験の早期から既にメタ言語を転移させるために出身言語、特にその語彙や派生形態を手がかりにしていたという点である。しかしながら、本実験の構成や学校の方針上の理由から、児童らの出身言語の習熟度を評価することはできなかった。

　とはいえ、本実験で得られたデータから、児童たちが言語に対して距離をとるようになったこと、つまり第二言語の知識を活性化しながらも、産出において知識を制御するようになったことは偶然ではなく、クラス内での活動を行う中で転移を行うようになったことに関係している。このことから、児童たちの学習困難は、彼らの第一言語の獲得に密接に関わっていると考えられる。しかしながら、本研究で得られたデータは一般化できるものではないため、今回の結果をより深く裏付けるには、今後さらなる調査が必要である。

6 結　論

　本研究は、メタグラフィック・コメントを利用して、学習困難を抱える
フランス語を第二言語とする児童のライティングのアプロプリエーション
を調査することが目的であった。彼らは書かれた言葉の特性により多くの
注意を注ぐために、徐々にアルファベットから焦点をそらせていった。ま
た、実験における教育的介入が進むにつれて、彼らのコメントはバランス
がとれたものとなった。つまり、彼らは知識の統制がとれるようになり、
そして言語に対して距離を置けるようになったと考えられる。実験の最終
段階では、彼らは文字単位ではなく、語彙的な単位により注意を向けるよ
うになり、フランス語の語彙と彼らの出身言語の語彙を結び付けるように
なった。また実験の早い段階で、彼らが第一言語と第二言語の間で転移を
利用していることが確認できた。

7　教育的展望

　充実した授業を実施するために、就学言語としてのフランス語の教育支
援には、教師による教育的配慮が求められる。Verdelhan-Bourgade
(2002) が主張しているように、特に教授する言語項目と知識の領域を優
先させる必要がある。それには、教育実践と教育器具の選択が極めて重要
であるということは明らかである。近似つづり法や児童文学の使用は、フ
ランス語の強固な基礎を形成するには確実な方法である。この教育実践に
よって、児童たちはしっかりと構築された有意義な文脈の中で、フランス
語の受容と産出を同時に訓練することができる。さらに、ライティングや
特に言語項目に向けられたこの新しい視点によって、教師は産出とそのプ
ロセスを同時に理解することができる。最後に、児童たちに自身の出身言
語を使う権限を与えると、彼らの言語習得の状況をより正確に把握するこ
とができ、その情報を基に、より適した教育活動を選択することができる
だろう。そうすると、彼らの学習困難や言語習得の問題がどのようなもの
なのかをより正確に特定することができるのではないだろうか。

1) 本章は、以下の著書に掲載されている。Fleuret, C. (2013) Quand la langue d'origine devient un levier nécessaire dans la résolution de problème orthographique chez des élèves en français langue seconde en difficultés d'apprentissage. In D. Daigle, I. Montesinos-Gelet et A. Plisson（Dirs）. *Orthographe et populations exceptionnelles: Perspectives didactiques*（p.81-104）. Presses de l'Université du Québec.

2) アプロプリエーションは、習得や獲得といった意味に近い。しかしながら、アプロプリエーションとは、単に新しい情報を脳内にコピーするのではなく、学びを社会的な行為ととらえ、他者との交流を通して徐々に知識を自分のものにしていく過程を指す。またその過程で、学習者は他者の考えや言葉を自分自身の中に取り込みながら学びを発展させていく。本研究は、移民の児童がフランス語のライティング（特にここでは書記法）を学ぶ過程を、クラスメイトや教師との対話を分析することによって明らかにしようとしている。さらに、他者との交流や対話を支えるのが児童文学や言語（L1 および L2）といった媒介的道具である。

3) 移民の児童が、フランス語を就学言語とする学校の中で、教育を受けるために必要なフランス語を習得し、フランス語圏への帰属意識を高めることを目的としたフランス語教育支援のこと。

4) http://www.edu.gov.on.ca/fre/curriculum/elementary/appui.html

5) http://www.edu.gov.on.ca/fre/curriculum/elementary/alfpdf.html

6) オンタリオ州政府は、生徒の就学を支援するために、教室内外での学習支援プログラムを提供している。学校外での学習支援としては、TFO（オンタリオ州のフランス語の教育テレビチャンネル）や教育委員会が連携して運営している SOS Devoirs（宿題SOS）がある。1 年生（6 歳）から 12 年生（17 歳）までの生徒を対象とし、各教科専門の教員がチャットや電話、E メールで授業外学習の支援を無料で行う。また、辞書やマルチメディア教材といった教育資源を無料で提供する。教室内の学習支援については、各学区の教育委員会が、大学生やカレッジの学生をチューターとして採用する。チューターは、教員のアシスタントとして、6 年生までの生徒の読み書きや算数の学習支援を行う。（参考：http://www.edu.gov.on.ca/fre/students/tutoring.html）

7) www.edu.gov.on.ca/fre/amenagement/PourLaFrancophonie2009.pdf

8) 宣言的知識とは、言葉で説明できる事実や規則に関わる知識である。言語に関して言えば、語彙や文法の知識が宣言的知識である。手続き的知識とは、語彙や文法の知識を状況（買い物する、家族を紹介する等）に合わせて使うことで示される知識で、多くの場合、言語化することができない。

9) 具体的なメタグラフィック・コメントの例は、後述の「『すてきな三にんぐみ（les trois brigands）』についてのやりとり」と「『オオカミだって…！（le loup conteur）』についてのやりとり」の中にある、児童の証言を参照いただきたい。

10) pot が除外されるのはそれが男性名詞だから。この文の構造は主語が女性名詞であることを示しているため、男性名詞を当てはめるのは不適である。

11) Ungerer, Tomi（1999）*Otto, autobiographie d'un ours en peluche*. Londres : Phaidon.

12) Ungerer, T.（1961）*Les trois brigands*. Paris : Lutins poches de l'école des loisirs.

13) Ungerer, T.（2003）*Le nuage bleu*. Paris : l'École des loisirs.

14) Bloom, B.（1999）*Le loup conteur*. Paris : Mijade.

15) Dedieu, T.（1994）*Yacouba*. Paris : Seuil Jeunesse.

16) Dedieu, T.（2009）*kimbwé*. Paris : Seuil Jeunesse.

17) Dedieu, T.（2007）*L'Ogre*. Voisins-le-Bretonneux : Rue du Monde.

学習のヒント

・近似つづり法とはどのような教育方法ですか。具体的に述べてみましょう。

・メタグラフィック・コメントを導入することにより、どのような効果が期待されますか。

・「就学言語しか使ってはいけない」教室で、子どもたちが既に持っている言語リソースを活かすには、どのような方策が考えられますか。

参考文献

Ababou, S.（2005）*Étude comparée des différents aspects de l'entrée dans l'écrit de jeunes arabophones et francophones entre la maternelle et la fin de la première année*. Mémoire de maîtrise. Université de Montréal, Montréal.

Besse, J.-M.（2000）*Regarde comme j'écris !* Paris: Magnard.

Bourdieu, P.（1979）*Esquisse d'une théorie de la pratique*, Paris, France: Éditions de Minuit.

Chomsky, C.（1979）Approaching reading through invented spelling. Dans P. Weaver et L. B. Resnick.（Dirs.）, *The theory and practice of early reading*. Hillsdale, New Jersey: Lawrence Erlbaum Associates.

Ferreiro, E. et Gomez-Palacio, M.（1988）*Lire-écrire à l'école. Comment s'y prennent-ils ? Analyse des perturbations dans les processus d'apprentissage de la lecture et de l'écriture*. Lyon, France: CRDP.

Fleuret, C.（2008）*Portrait du développement de la compétence orthographique d'élèves créolophones scolarisés au Québec de la maternelle à la troisième année*. Thèse de doctorat non publiée. Université de Montréal, Montréal.

Fleuret, C. et Montesinos-Gelet, I.（2011）Le développement orthographique d'élèves haïtiens scolarisés au Québec en français langue seconde de la maternelle à la troisième année. *Revue des sciences de l'Éducation*, XXXVII, 67-83.

Fleuret, C.（2011）Exploration des commentaires métagraphiques chez des élèves haïtiens : une avenue prometteuse pour mieux comprendre l'acquisition du français langue seconde. *Santé et éducation de l'enfant*, 4（1）, 1-20.

Jaffré, J.-P.（1995）Compétence orthographique et acquisition. Dans D. Ducard, R. Honvault et J.-P. Jaffré（Dirs.）*L'orthographe en trois dimensions*（94-158）Paris, France: Nathan.

Ministère de l'Éducation de l'Ontario（2006）*Transformation de l'éducation de l'enfance en difficulté. Rapport des coprésidentes avec les recommandations de la Table de concertation sur l'éducation de l'enfance en difficulté.* Ontario: Imprimeur de la Reine.

Ministère de l'Éducation de l'Ontario（2009）*Une approche culturelle de l'enseignement pour l'appropriation de la culture dans les écoles de langue française de l'Ontario : Cadre d'orientation et d'intervention.* Ontario: Imprimeur de la Reine.

Ministère des Finances de l'Ontario（2009）*Faits saillants du recensement 2006 : Feuille de renseignements.*〈http://www.fin.gov.on.ca/fr/economy/demographics/census/cenhi06-8.pdf〉

Montesinos-Gelet, I.（1999）Les variations procédurales au cours du développement de la dimension phonogrammique du français : recherches auprès d'enfants scolarisés en grande section de maternelle en France. Thèse de doctorat non publiée, Université de Lyon II, Lyon.

Montesinos-Gelet, I.（2011）Partir d'œuvres de littérature de jeunesse pour explorer le capital culturel des élèves. Dans C. Fleuret et I. Montesinos-Gelet（Dirs）*Le rapport à l'écrit : habitus culturel et diversité*（9-17）Québec: Presses de l'Université du Québec.

Montesinos-Gelet, I. et Armand, F.（2000）Apprentissage de la lecture et de l'écriture en milieux pluriethniques : études des contextes langagiers et du degré d'automatisation des processus en lecture. Consulté en septembre 2007.〈www.im.metrolis.net〉

Morin, M.-F.（2002）*Le développement des habiletés orthographiques chez des sujets francophones entre la fin de la maternelle et de la première année du primaire.* Thèse de doctorat publiée, Université Laval, Québec.

Read, C.（1986）*Children's Creative Spelling.* London: International Library of Psychology.

Tauveron, C.（2002）*Lire la littérature à l'école.* Paris, France, Hatier.

Verdelhan-Bourgade, M.（2002）*Le français de scolarisation . Pour une didactique réaliste.* Paris, France : Presses Universitaires Françaises, Éducation et formation.

本論を訳すにあたって参照した資料

吉田達弘（2001）「社会文化的アプローチによる英語教育研究の再検討――『獲得』から『アプロプリエーション』へ」『言語表現研究』17, 41-51.

あとがき

　本書に収められている論考は、主として「国際研究集会『多言語化する学校』」（2019年3月9日）でのパネルをもとにまとめられたものである。編者の一人である大山は登壇者の議論をふまえ、日本とフランスの相違点・共通点を次のように整理している。

　①日本とフランスでは移民の包摂に関わる文脈が大きく異なる。すなわち、日本はフランスに比べて社会の均質性が高く、一方フランスでは、植民地主義の帰結という側面をもつ。
　②それにもかかわらず、移民の子どもの教育をめぐっては共通点が見いだされる。すなわち、学校では単一言語主義のイデオロギーが強いこと、バイリンガリズムの研究成果が学校現場や教員養成の場に十分還元されていないこと、そして、学校の内側と外側（地域や大学などのリソース）をつなぐ仕組みが構築され始めていること、等である。

　筆者にとって、この研究集会はいくつかの驚きを覚える場であった。その驚きの中身を上述の指摘に沿って述べてみたい。

　1つ目は①の日本とフランスの相違点に関わるもので、移民の子どものことばには国や地域によって異なる階層があるということである。「日本語を母語としない子ども」に長年接してきた筆者にとって、子どもたちのことばは「日本語（日本での公用語）」「英語（小中学校で学ぶ外国語）」「子どもたちの母語」に大別されていた。しかし、フランスにおける戦後移民と植民地主義の結びつきを登壇者から繰り返し聞く中で、「移民の子どものことば（子どもたちの母語）」を一括りにして扱える、言わば無邪気とも言える状況に自分は偶々いるのだと思い至った。そして、このことは二言

語を活用して教科支援を行う意味を再度自分に問いかける契機ともなった。

　2つ目の驚きは、フランスやカナダ、ニューカレドニアの事例を聞きながら、筆者の脳裏にこれまでに出会った「日本語を母語としない子どもたち」が次々と思い浮かんだことである。たとえばソヴァージュ論文に登場するニューカマーの子どもたちの緘黙は、来日して3年間、学校では一言も口をきかなかったR君の姿と重なった。あるいはフルーレ論文で描かれるフランス語の綴りに問題を抱える学習者像は、来日後、漢字練習で痛めつけられ、「もう一文字たりとも漢字は書かない」という思いから学習そのものを放棄したM君を思い起こさせた。ある日突然ことばがわからない教室に放り込まれた子どもたちの混乱やとまどい、そしてそのような子どもたちに向き合おうとする教師や支援者の姿には空間を超えて共通するものがあった。

　そして、移民包摂の文脈や学校制度は異なっていても、このような言語や教科の学習に困難を抱える子どもたちに寄り添おうとする「仲間」がいることに、元気と励ましを感じたことも嬉しい驚きであった。

　移民の子どもの教育は、教員一人で担えるものではない。オジェ論文を始めとしてすべての論考が示しているように、学校の内と外（学校と地域、学校と大学、学級担任とALT、母語支援者と日本語支援者）、あるいは学校の教員同士（日本語担当者と教科担当者）が、どのように協働しながら「バイリンガルを励ます学校」作りを進めていくのか、本書を通してその手がかりを示すことができれば幸いである。

　最後に、翻訳作業を進めてくださった藤井碧氏（京都大学）、松川雄哉氏（早稲田大学）、そして編集作業に携わってくださった明石書店の岡留洋文氏には多大な努力を払っていただきました。ここに心から感謝の意を表します。

2021年8月　　　　　　　　　　　　　　　　　　　清　田　　淳　子

編著者・訳者紹介 <small>［執筆順、◎は編者］</small>

大山万容（おおやま　まよ）◎

京都大学大学院人間・環境学研究科修了（人間・環境学博士）。立命館大学等非常勤講師を経て、2022 年度より大阪公立大学講師。専門は、言語教育学、教育社会言語学。

［主な著書・論文］

『言語への目覚め活動──複言語主義に基づく教授法』（くろしお出版、2016 年）

『世界と日本の小学校の英語教育──早期外国語教育は必要か』（西山教行らと共著、明石書店、2015 年）

https://researchmap.jp/mayooyama

清田淳子（きよた　じゅんこ）◎

お茶の水女子大学大学院人間文化研究科修了（人文学博士）。立命館大学文学部教授。専門は、年少者日本語教育、国語教育。

［主な著書・論文］

『母語を活用した内容重視の教科学習支援方法の構築に向けて』（ひつじ書房、2007 年）

『外国から来た子どもの学びを支える』（編著、文理閣、2016 年）

「グローバル化の進行と子どもたちの指導・支援」（『生徒指導・進路指導』ミネルヴァ書房、2019 年）

「言語少数派の子どもに対する母語を活用した遠隔型教科学習支援の試み──スカイプを利用して」（『日本語教育』174 号、2019 年）

浜田麻里（はまだ　まり）

大阪大学大学院文学研究科博士後期課程退学。国際交流基金、大阪大学留学生センターを経て、現在、京都教育大学国文学科教授。専門は、日本語教育学。

［主な著書・論文］

『外国人児童生徒等教育を担う教員の養成・研修モデルプログラム開発事業　事例集モデルプログラムの活用（平成 30 年度文部科学省委託)』（共著、2019 年）

『日本語教育の過去・現在・未来　第 1 巻　社会』（共著、凡人社、2009 年）

「中国人 3 歳児の幼稚園生活への適応──日本語発話の産出と母語使用に注目して」（李如意と共著、『子どもの日本語教育研究』4 号、pp.43-62、2021 年）

オチャンテ・村井・ロサ・メルセデス（Rosa Mercedes Ochante Muray）

ペルー リマ市に生まれ、15歳の時に来日。三重大学大学院を修了し、三重県で外国人児童生徒巡回相談員を経て、現在、桃山学院教育大学人間教育学部准教授。ニューカマーの子どもたちの教育研究を行っている。

［主な論文］

「ニューカマーの子どもたちの義務教育後の進路選択と将来の展望」『教育フォーラム 54　各教科等の学習を支える言語活動　言葉の力をどう用いるか』（単著、金子書房、2014年）

「ペルーと日本を『移動する子どもたち』の学校生活とアイデンティティの揺らぎ——いじめ、適応にあたっての困難な体験からの考察」（『奈良学園大学紀要』第9集、2018年）

「移民第二世代の進路選択・キャリア形成支援における課題——三重県の事例を中心に」（『桃山学院教育大学研究紀要』第3号、2020年）ほか、論文多数。

ピアース・ダニエル・ロイ（Daniel Roy Pearce）

京都大学大学院人間環境学研究科修了（人間・環境学博士）。2022年度より四天王寺大学教育学部講師。専門は、言語教育学、英語学。

［主な論文］

「小学校の外国語指導助手（ALT）はモノリンガルか——単一言語教育に従う複言語話者の位相」（『言語政策』17号、pp.1-24、2021年）

「Plurilingualism and STEAM: Unfolding the paper crane of peace at an elementary school in Japan」（*Journal of Bias, Identity and Diversities in Education* 5(2), 1-23、2021年）

西山教行（にしやま　のりゆき）◎

京都大学人間・環境学研究科教授。専門は、言語教育学、言語政策、フランス語教育学、フランコフォニー研究。

［主な著書・訳書］

『CEFRの理念と現実——CEFRの理念をめぐって』（大木充との共編著、くろしお出版、2021年）

『グローバル化のなかの異文化間教育——異文化間能力の考察と文脈化の試み』（大木充との共編著、明石書店、2019年）

『異文化間教育』（マルティンヌ・プレッチェル著、白水社、2021年）

『多言語世界ヨーロッパ——歴史・EU・多国籍企業・英語』（クロード・トリュショ著、國枝孝弘・平松尚子との共訳、大修館書店、2019年）

エラレチアナ・ラザフィマンディンビマナナ（Elatiana Razafimandimbimanana）

トゥールーズ大学准教授。フランス、カナダ、ニューカレドニアなどをめぐる移動度言語、アイデンティティをめぐり複層的な関係を考察している。専門は、複言語教育学、社会言語学、複数のアートをめぐる媒介活動など。

［主な著書・論文］

Français, franglais, québé-quoi? Les jeunes Québécois et la langue française : enquête sociolinguistique. Paris: l'Harmattan, coll. "Espaces discursifs". 2006.

ナタリー・オジェ（Nathalie Auger）

ポール・ヴァレリー大学（モンペリエ第3大学）教授。言語、学習、仲介、インタラクションに関する研究ユニット「LHUMAIN」のメンバー。第二言語としてのフランス語教育学の修士課程の責任者を務めるとともに、近年はヨーロッパとカナダにおける母語としてのフランス語教育を複言語・複文化主義の視点から研究し、多数の著作を発表している。専門は、言語学、教育学。主要業績と研究ユニット「LHUMAIN」に関するサイトはhttps://lhumain.www.univ-montp3.fr/fr/auger-nathalie。

ジェレミー・ソヴァージュ（Jérémi Sauvage）

ポール・ヴァレリー大学（モンペリエ第3大学）准教授。研究指導資格（HDR）所有。外国語としてのフランス語教育（FLE）修士コースで発音矯正の教授法の授業を担当している。「LHUMAIN」（言語、人文科学、メディエーション、学習、インタラクション、デジタル）研究室に所属しており、「言語と言語活動の適応」研究班の責任者を務めている。

［主な著書・論文］

L'Acquisition du langage : Un système complexe. Academia. 2015.

藤井碧（ふじい　あお）

京都大学大学院人間・環境学研究科修了（人間・環境学修士）。現在、同大学院同研究科博士後期課程に在籍中。専門は、スイスの言語教育政策。

［主な論文］

「スイス連邦における1970年代後半から1990年代前半の第二国語教育政策——複言語主義の展開」（『言語政策』第17号、2021年）

「スイス連邦における言語教育制度の調和——1970年代カントン教育局長会議の政策を通して」（『言語政策』第15号、2019年）

キャロル・フルーレ（Carole Fleuret）

オタワ大学教授。カナダの少数派複言語フランス語話者に向けたライティングの習得について、文化的、社会認知的観点より研究を進めている。

［主な著書］

Joël Thibeault, Carole Fleuret (Sous la direction), *Didactique du français en contextes minoritaires : Entre normes scolaires et plurilinguismes.* Presses de l'Université d'Ottawa, 2020.

松川雄哉（まつかわ　ゆうや）

ラヴァル大学大学院言語学研究科博士課程修了（言語教育学）。南山大学外国語学部フランス学科講師を経て、現在、早稲田大学商学部専任講師。専門は、第二言語語彙学習、ケベック研究。

［主な論文］

「日仏バイリンガル版語彙サイズテストの改良とその有用性の検証」（『Etudes didactiques du FLE au Japon』第30号、2021年）

「ケベック史におけるダンスパーティーの社会的な位置づけについて」（『アカデミア』文学・語学編、105号、2019年）

多言語化する学校と複言語教育
──移民の子どものための教育支援を考える

2022 年 3 月 31 日　初版第 1 刷発行

編著者	大　山　万　容
	清　田　淳　子
	西　山　教　行
発行者	大　江　道　雅
発行所	株式会社明石書店

〒 101-0021 東京都千代田区外神田 6-9-5
電　話　03 (5818) 1171
ＦＡＸ　03 (5818) 1174
振　替　00100-7-24505
http://www.akashi.co.jp
装丁　　　　明石書店デザイン室
印刷・製本　モリモト印刷株式会社

ISBN978-4-7503-5393-7
（定価はカバーに表示してあります）

JCOPY 〈出版者著作権管理機構 委託出版物〉
本書の無断複製は著作権法上での例外を除き禁じられています。複製される場合は、その
つど事前に、出版者著作権管理機構（電話　03-5244-5088、FAX　03-5244-5089、e-mail:
info@jcopy.or.jp）の許諾を得てください。

世界と日本の小学校の英語教育
早期外国語教育は必要か
西山教行、大木充編著
◎3200円

グローバル化のなかの異文化間教育
異文化間能力の考察と文脈化の試み
西山教行、大木充編著
◎2400円

新装版 カナダの継承語教育
多文化・多言語主義をめざして
ジム・カミンズ、マルセル・ダネシ著
中島和子、高垣俊之訳
◎2400円

言語マイノリティを支える教育【新装版】
ジム・カミンズ著 中島和子訳
◎3200円

リンガフランカとしての日本語
多言語・多文化共生のために日本語教育を再考する
青山玲二郎、明石智子、李楚成編著 梁安玉監修
◎2300円

移民大国アメリカの言語サービス
多言語と〈やさしい英語〉をめぐる運動と政策
角知行著
◎2700円

「移民時代」の多文化共生論
想像力・創造力を育む14のレッスン
松尾知明著
◎2200円

多文化社会に生きる子どもの教育
外国人の子ども、海外で学ぶ子どもの現状と課題
佐藤郡衛著
◎2400円

JSLバンドスケール【小学校編／中学・高校編】
子どもの日本語の発達段階を把握し、ことばの実践を考えるために
川上郁雄著
各◎2000円

日本語を学ぶ子どもたちを育む「鈴鹿モデル」
多文化共生をめざす鈴鹿市＋早稲田大学協働プロジェクト
川上郁雄編著
◎2500円

移民の子どもと学校 統合を支える教育政策
OECD編著 布川あゆみ、木下江美、斎藤里美監訳
三浦綾希子、大西公恵、藤浪海訳
◎3000円

学力工場の社会学 英国の新自由主義的教育改革による不平等の再生産
クリスティ・クルツ著
仲田康一監訳 濱元伸彦訳
◎3800円

学校の社会学
マリアンヌ・ブランシャール、ジョアニ・カユエット＝ランブリエール著
園山大祐監修 田川千尋訳
◎2200円

現代フランスにおける移民の子孫たち
都市・社会統合・アイデンティティの社会学
エマニュエル・サンテリ著 村上一基訳
◎2200円

ヨーロッパにおける移民第二世代の学校適応
スーパー・ダイバーシティへの教育人類学的アプローチ
山本須美子編著
◎3600円

日本社会の移民第二世代
世界人権問題叢書103
エスニシティ間比較でとらえる「ニューカマー」の子どもたちの今
清水睦美、児島明、角替弘規、額賀美紗子、三浦綾希子、坪田光平著
◎5900円

〈価格は本体価格です〉